たった4つのステップで「結果を出す」組織に変わる！

PERFORMANCE LEARNING

パフォーマンス・ラーニング

UMU創設者・CEO ドングショー・リー

ユームテクノロジージャパン
ラーニングコンサルタント
片桐康宏

F
フローラル出版

はじめに　成果につながる学びを実現するために

――学習の制約を取り払い、学びのイノベーションを起こすために

企業の研修を成果につなげるために必要なものはなんでしょうか？

その答えは3つあります。ひとつ目は**「学習の効果」**。2つ目は**「学習の効率」**。最後のひとつは、学習者の学ぶ意欲を刺激する**「学習の体験」**です。

しかし、以前は、この3つを同時に叶えることは不可能でした。

2015年に「UMU（ユーム）」を立ち上げるまで、私はグーグルでトレーナーをしていました。自発的な活動として社員に学びを提供していたことが評価され、グーグル社員がグーグル社員に教える「Googler-to-Googler」のトレーニングにおいて、グローバルベストトレーナーに選出され、グーグルの社員教育機関「Google University」の初代教授を務めました。

当時、私は、アメリカ、シンガポール、日本など各国を訪れ、営業効率化やマネージメ

ント、リーダーシップ開発などのトレーニングを行っていました。しかし、対面でトレーニングをしていたため、1回あたり10～50人程度までしか教えることができませんでした。学習の効果を上げるためには、1 on 1のような対面のトレーニングが最適ですが、対面のトレーニングは限定的で拡張性がありません。しかも、私は月の半分は国内外を移動していたため、手間もコストも決して小さくありませんでした。

効果的な学びには時間と労力が必要です。しかし、私たちが使える時間と労力には限りがあります。そのため、以前は学習の効果と効率のどちらかを諦めなければなりませんでした。イノベーティブな事業や取り組みを次々に実現しているグーグルでも、社員の教育については世界の多くの企業と同じ課題を抱えていたのです。

私は、そんな世界を変えたい、と思いました。**学習の完全デジタル化を実現し、テクノロジーの力と学習の理論によって、学習の効果と効率、そして学習体験のすべてを向上させ、いつでも、世界中のどこでも、だれもが必要な学びを受けられる。そんな「学びのイノベーション」**を起こすことこそが、私の使命だと確信しました。

そして2015年、7年の準備期間を経て私はグーグルを卒業し、インターネット・テクノロジーを活用したラーニングプラットフォーム「UMU」を立ち上げました。

当時は、私の話を聞いただれもが「そんなこと、できるはずがない」と言いました。しかし、UMUは多くの企業から賛同を得て、今や世界203の国と地域、100万社以上の企業に導入され、受講者数は1億2000万人を超えています（2021年6月現在）。先進国だけでなくアフリカ圏などの途上国でも、人材開発を根底から変えるために利用されています。

――成果を生む「パフォーマンス・ラーニング」

企業が収益を上げたいと考えたとき、考えられるアプローチはいくつかあります。ひとつは、広告宣伝を強化すること。2つ目は値引きをすること。3つ目は人員を増やすこと。しかし、値引きをすれば収益が下がる可能性もあり、宣伝や増員にはコストがかかります。そこで必要となるのが4つ目のアプローチです。それは、社員のスキルアップを支援し、能力を向上させること。それが本書で提案している**「パフォーマンス・ラーニング」**です。パフォーマンス・ラーニングは、**ビジネスの成果と生産性を向上させ、競争において優位に立つための学び**です。

世界経済において目覚ましい活躍をしている企業ほど、今後の自社の成長を見据え、「学び」によって社員の能力を高めています。会社が適切な学習環境を整備することで、社員個人と組織全体のスキル向上と持続的な成長を促しているのです。

たとえば、スイスに本社を置くヘルスケアカンパニー「ノバルティス」の中国支社では、新入社員研修やＭＲ（医療情報担当者）向けのトレーニングに、ＵＭＵを取り入れています。ＵＭＵを導入して教育を改革した結果、**新入社員研修が従来の90日から45日へと短縮され、より早く現場に出ることができる**ようになりました。また、ＵＭＵを利用したＭＲと利用しなかったＭＲの販売実績を比べたところ、**ＵＭＵで学習したＭＲのほうが45％も販売実績が高い**という結果になりました。テクノロジーと学習の科学を応用した新しい学びが、企業のパフォーマンス向上をもたらしたのです。

ＵＭＵの日本法人であるユームテクノロジージャパンは２０１８年に設立され、２０２１年６月時点における導入企業は１万１３００社を超えており、製薬、金融、保険、製造、小売など、多種多様な業界で活用されています。

本書に掲載した各企業の事例においても、次のような学習の成果が見られます。

■ **ビジネスコンサルタント**

ＵＭＵの学習活動で三冠を獲った地方営業所の新入社員が３か月で１０００万円の契約を達成。２位に10倍以上の差をつけた圧倒的１位に。▼P.150

■ **マイナビ（アルバイト情報事業本部）**

「学びの習慣化」を心がけ、UMUで「売れる営業の型」を共有したことで営業部員のスキルが底上げされ、前年比10％増の売上を達成。▼P.193

■ **富士通**

3段階にステップアップする学びで営業の「武器」を強化し、リードタイムを短縮。これまでの倍以上の受注を目指せるようになった。▼P.200

このように、世界中で広くUMUが支持されている最大の理由は、テクノロジーと学習の科学を応用した学びの提供によって、短期だけでなく中長期的に生産性を向上させられるためです。

奇しくも、新型コロナウイルス感染症の世界的な感染拡大によって、テクノロジーの導入が広まり、企業内学習のデジタル化・オンライン化が促進されました。しかし、それはきっかけに過ぎません。デジタル化の波はすでに起きていたのです。そして、今後、労働力の主流になるデジタルネイティブ世代は、あらゆる活動をデジタルで完結することを求めています。当然、学びのデジタル化も必須です。

今後は、新しい学びの構築という挑戦に自信をもち、果敢に取り組める企業こそ、未来の成長を自らの手で手繰り寄せることができます。新たなテクノロジーを取り入れ、新たな挑戦をすることが、今後数十年の世界を、そして日本を大きく変えます。

挑戦を恐れず、自信を持って一歩を踏み出しましょう。

２０２１年７月

ＵＭＵ創設者・ＣＥＯ　ドングショー・リー

ＵＭＵプラットフォームへようこそ！

本書での学びのパフォーマンス向上を促す、ＵＭＵプラットフォームの簡単利用ガイドページです。パフォーマンス・ラーニングの理論の理解、効果的な実践方法の参考にお役立てください。

たった4つのステップで「結果を出す」組織に変わる！
パフォーマンス・ラーニング　目次

第3章 パフォーマンス・ラーニングの4つのステップ

第4章

パフォーマンス・ラーニング実践のコツ

第5章

オンラインだからこそ効果が上がる新入社員研修

第6章

営業を変えて会社を変える セールス・イネーブルメント

第7章

生産性を高める スキルアップ・トレーニング

第8章 スピード×効果×スケールを実現する研修設計

協力　事例掲載企業の皆様　ユームテクノロジージャパン
ブックデザイン　小口翔平＋奈良岡菜摘＋阿部早紀子（tobufune）
イラスト・図版　大野文彰
DTP　三協美術
校正　くすのき舎
プロデュース　川田 修　高橋洋介（日本経営センター）
編集協力　山中勇樹　深谷美智子（le pont）

第1章

「学び方」を変えれば生産性が上がる

なぜ、日本の生産性は50年以上低いままなのか

今こそ、この問題を解決すべきときです

労働環境が変わっても、日本の生産性は上がっていない

御社では、会社の生産性向上に関してこんな悩みを抱えていませんか？


「業務効率化をしても、社内の生産性が上がった実感がない」

「マネージャーが残業時間の削減と成績アップの板挟みになっている」

「人員も予算も減らした。もうこれ以上、削れるところがない」

「そもそも、生産性向上と言われても、何から手をつけていいかわからない」


心当たりがあり過ぎて、思わず、ため息が出た方も多いのではないでしょうか。

生産性の低さは、日本企業が長年抱えている最大の課題のひとつです。日本生産性本部が発表した「労働生産性の国際比較2020」を見ると、**2019年の日本の時間当たり労働生産性（就業1時間当たりの付加価値）は、OECD（経済協力開発機構）加盟37か国中21位**でした。じつは、日本の時間当たり労働生産性は1970年も20位で、以降、**半世紀にわたり20位前後で横ばいが続いているの**です。

また、生み出される付加価値を時間でなく人員で割った**1人当たり労働生産性（就業1人当たりの付加価値）は26位で、1970年以降、最も低い**という結果になりました。

働き方改革によって昔よりも長時間労働が減り、テクノロジーの進化により仕事のスタイルが大きく変わっても、日本の生産性は低いままなのです。いかに日本経済が低迷を続けているかを改めて痛感させられます。

生産性を上げる最善策は、組織の学びを変えること

なぜ、日本の生産性は上がらないのでしょうか？　どうすれば、半世紀にわたって低空飛行を続けている生産性を上げることができるのでしょうか？

結論からいうと、**会社の生産性を上げたければ、今すぐ、組織の学びを変えるべき**です。

業務効率化だけでなく、研修のあり方を抜本的に見直す必要があります。

私たちユームテクノロジージャパンでは、成果を出して生産性を上げる学び「パフォーマンス・ラーニング」を日本にも広めるため、効果の高い学習プラットフォーム「UMU」を、日本の多くの企業様に取り入れていただいています。

私たちは、人材育成を担当されるご担当者とのやりとりの中で、社員の教育についてよくこのような相談を受けます。


「研修で教えたことを、社員が現場で生かせていない」

「有名講師を招いた研修や新しいeラーニングを導入しても、社員が育たない」

「上司の育成やOJTの質にばらつきがあり、部下や新人を十分に育成できていない」

「スキルが属人化していて、できる社員とできない社員の差が激しい」


「社員教育の効果」については、企業の大小を問わず、多くの日本企業の課題となっています。本書では、そのような課題を解決し、会社の生産性を向上させるために、「組織の学び」を変革する方法を紹介していきます。

「組織の学び」を変えて、日本経済を変える

「失われた50年」にしないために、今すべきこと

低迷を続ける日本経済の現実

「生産性を上げるために、組織の学びを変える」

そう言われても、まだ、ピンとこない方も多いかもしれません。

では、「日本経済を変えるには、今すぐ、組織の学びを変えるべきである」と言われたらどうでしょうか。しかも、**「組織の学びを変えなければ、今後も日本経済の成長は期待できず、20年後、30年後に日本は世界経済においてさらに後退しかねない」**としたら？

日本ではコロナ禍以前から、生産性の低さ、テクノロジー活用の遅れ、イノベーティブな人材不足、さらに高齢化、人口減少、格差の広がりなどの問題が山積し、「課題先進国」ともいわれていました。

そうした状況が、日本と世界の企業力の差としてあらわれています。

日本の「失われた30年」をあらわすものとしてよく比較されるのが、平成元年と現在の「世界時価総額ランキング」です。どこかで見たことがあるという方が多いと思いますが、現実を直視するために、ここでも上位30社を比較してみましょう。

1989（平成元）年時点では、日本のNTTが断トツの1位であり、2位以降も日本興業銀行、住友銀行、富士銀行、第一勧業銀行と、トップ5を日本企業が総なめにしていたのがわかります。6位になってようやくアメリカのIBMがランクインしている状況です。しかも上位30社中、日本企業は21社で7割を占めていました。バブル景気下の勢いのある日本の姿がこの表にあらわれています。

では、それが2021（令和3）年になるとどうなるか。上位30社を上から見ても日本企業の名前はなく、29位にトヨタ自動車の名前が見つかります（ちなみに、平成元年のランキングでは11位でした）。そして、トヨタ自動車以外に日本企業は上位50社以内にランクインしていません。

もうひとつ、GDPについてはどうでしょうか。

2000年に約10兆ドルだったアメリカのGDP（名目GDP、ドル換算）は、2020年には倍増し21兆ドルになりました。急速に成長した中国のGDPは、この20年で約1兆

世界の時価総額ランキング

●1989年（12月）

順位	企業名	時価総額（億米ドル）	市場
1	日本電信電話（NTT）	1,639	日本
2	日本興業銀行	716	日本
3	住友銀行	696	日本
4	富士銀行	671	日本
5	第一勧業銀行	661	日本
6	IBM	647	米国
7	三菱銀行	593	日本
8	エクソン	549	米国
9	東京電力	545	日本
10	ロイヤル・ダッチ・シェル	544	英・蘭
11	トヨタ自動車	542	日本
12	ゼネラル・エレクトリック	494	米国
13	三和銀行	493	日本
14	野村証券	444	日本
15	新日本製鉄	415	日本
16	AT&T	381	米国
17	日立製作所	358	日本
18	松下電器産業	357	日本
19	フィリップ・モリス	321	米国
20	東芝	309	日本
21	関西電力	309	日本
22	日本長期信用銀行	309	日本
23	東海銀行	305	日本
24	三井銀行	297	日本
25	メルク	275	米国
26	日産自動車	270	日本
27	三菱重工業	267	日本
28	デュポン	261	米国
29	ゼネラル・モーターズ	253	米国
30	三菱信託銀行	247	日本

●2021年（6月）

順位	企業名	時価総額（億米ドル）	市場
1	アップル	21,008	米国
2	マイクロソフト	18,888	米国
3	サウジアラムコ	18,878	サウジアラビア
4	アルファベット	16,242	米国
5	アマゾン・ドット・コム	16,169	米国
6	フェイスブック	9,366	米国
7	テンセント	7,563	中国
8	バークシャー・ハサウェイ	6,681	米国
9	アリババグループ	5,937	中国
10	テスラ	5,770	米国
11	台湾セミコンダクター（台湾積体電路）	5,569	台湾
12	ビザ	5,075	米国
13	JPモルガン・チェース	5,038	米国
14	貴州芽台酒	4,418	中国
15	サムスン電子	4,415	韓国
16	エヌビディア	4,380	米国
17	ジョンソン・エンド・ジョンソン	4,370	米国
18	LVMHモエヘネシー・ルイヴィトン	3,999	フランス
19	ウォルマート	3,974	米国
20	ユナイテッドヘルス・グループ	3,828	米国
21	バンク・オブ・アメリカ	3,707	米国
22	マスターカード	3,627	米国
23	ネスレ	3,618	スイス
24	プロクター＆ギャンブル	3,328	米国
25	ホーム・デポ	3,306	米国
26	ウォルト・ディズニー	3,219	米国
27	ロシュ・ホールディング	3,110	スイス
28	ペイパル	3,090	米国
29	トヨタ自動車	2,966	日本
30	ASMLホールディング	2,849	オランダ

出典：1989年は『日経業界地図 2019年版』、2021年は三菱UFJモルガン・スタンレー証券ウェブサイトのデータをもとに作成。1000万ドル以下は四捨五入した。

ドルから約15兆ドルと15倍に跳ね上がっています。そして、想像できるかと思いますが、右肩上がりで成長しているアメリカや中国に対し、この30年間、日本のＧＤＰは５兆ドル前後で横ばいを続け、今では歴然たる差が出ています。

そして、ＩＭＦ（国際通貨基金）は、**今後も日本のＧＤＰが大幅に増えることはない**と予測しています。

ＩＭＦの２０２５年のＧＤＰ予測では、アメリカは約27兆ドル、中国は約22兆ドルと上昇する一方、日本は微増して約６兆ドルになるとされています。一方で急速に成長するインドのＧＤＰは２０２５年には４兆ドルになり、日本との差は縮まるばかりです。

学びを変えれば、日本が変わる

こうした状況を受けて、「日本企業は変わらなければならない」と言われ続けてきました。テクノロジーの活用やイノベーション創出による競争力の強化、生産性の抜本的な改善が、かねてから強く求められています。

皆さんも、このような話は耳にタコができるほど聞いてきたのではないでしょうか。「変わらなければいけないのは、わかっている。生産性を上げるために、残業を減らすなどの働き方改革、業務効率化などに取り組んでいる。でも、その成果は十分とはいえない」。それが多くの日本企業の実情かもしれません。

とくにコロナ禍によって露呈したのは、オンライン化やテレワークの遅れです。半ば強制的に研修のオンライン化やテレワークに移行したものの、運用の仕方や活用度合いは企業によって大きく異なります。なかには、いまだテレワークやオンライン研修に踏み切れず、業務や社員教育に支障が出ている企業も少なくありません。

繰り返しになりますが、**「成果を出し、生産性を上げる学び」こそ、今、日本企業が取り組むべき最善策です。それができなければ、日本はますます世界に後れをとることになります。**

なぜ、そう断言できるのか。

これについては、のちほど詳しくお話ししますが、**これからの世の中では、「モノの質」より「人の質」が企業の成長を左右するから**です。そして、「人の質」を変えるのは教育しかありません。

「効率化」はもう限界！「学び」の効果は無限大

「減らす」ばかりでは生産性は上がりません

生産性の方程式について考えてみる

「生産性を上げるなら、研修に力を入れるよりも、業務効率化やしくみ改善に取り組むべきでは？」と思われた方もいるかもしれません。実際、多くの企業が生産性を上げるために、業務プロセスの見直しや新たなテクノロジーの導入を進めています。

たしかに、業務効率化やしくみ改善は、生産性向上の手立てとして有効ではあります。

でも、それが「生産性を上げる最善策である」といえるでしょうか？　これまでに業務効率化やしくみ改善に取り組んで、「生産性が上がった！」という実感はありますか？

ここであらためて、生産性向上には何が必要なのかを考えてみましょう。

生産性（労働生産性）は、**投資した時間やコスト（費用・経費）、人員（労働力）に対し、ど**

生産性の方程式

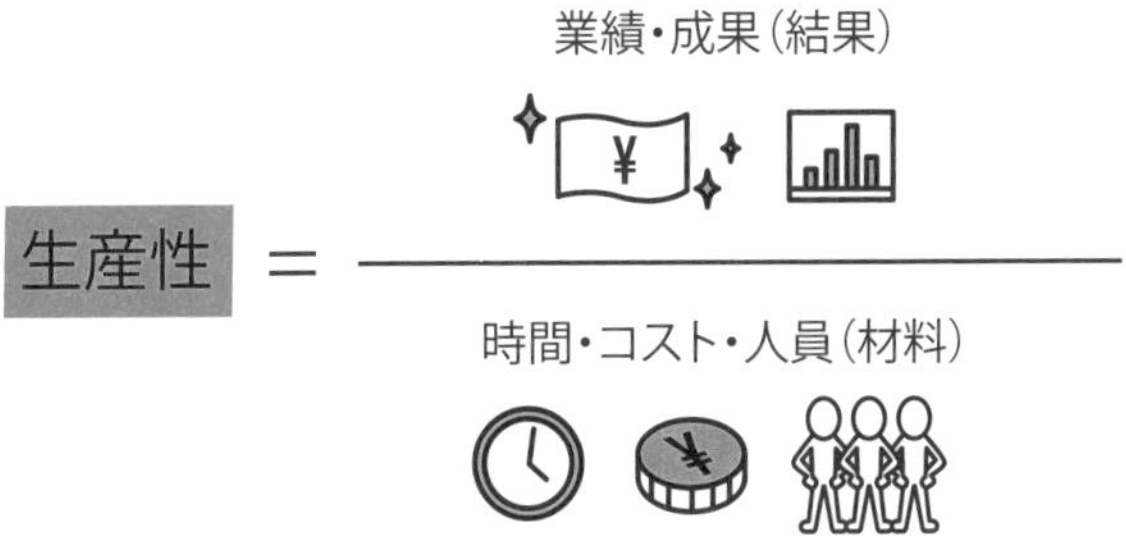

分母（材料）に対して分子（結果）が大きいほど生産性が上がり、分母のほうが大きく、分子のほうが小さくなると生産性が下がる。

の程度の経済効果（業績、成果）が得られたのかによって測られます。

生産性の方程式は次のようなシンプルなものになります。

生産性＝業績・成果（結果）／時間・コスト・人員（材料）

このように、生産性は、投入した材料（分母）でどれだけの成果（分子）が出たかで測られます。

言い換えると、分母は「インプット」で、分子は「アウトプット」です。生産性を上げたければ、より少ないインプットでより多くのアウトプットを出すことを目指せばいいわけです。

インプットを減らすか？　アウトプットを増やすか？

業務効率化や、それに伴う労働時間の削減、あるいはリストラによる人員削減は、「インプットを小さくしながら、これまでと同じ、あるいはできるだけ大きなアウトプットを出す」ことを目指すものです。

しかし、本来の「生産性向上」とは、「アウトプットの量や質を増やす」ことであり、インプットを減らして相対的にアウトプットを増やすことではありません。

もちろん、しくみ改善などによってアウトプットを増やす取り組みもされていますが、時間やコスト、人員などの「インプットを減らす」取り組みのほうが数字で見えやすいため、そちらに注力されがちなのが現実です。

では、インプットである「時間、コスト、人員」はどこまで減らせるでしょうか？

まず、時間について考えてみましょう。「働き方改革」が叫ばれるなか、従業員に心身ともに健全な労働環境を提供するために労働時間削減に取り組むことは会社の重要な役割です。しかしその裏で、現場のマネージャーが「残業を減らせ」と「成績を上げろ」の板挟みに苦しんでいる姿はどこの企業でも見られる現実です。

次にコストはどうでしょうか。無駄なコストはもちろん削減すべきですが、予算不足では質のいい製品やサービスをつくることができないばかりか、イノベーションを起こすような新たな試みはできず、優秀な人材を雇うこともできません。

そして、日本の労働人口はすでに減少しています。国立社会保障・人口問題研究所によれば、日本の生産年齢人口（15～64歳人口）は2030年には人口全体の57・7％、2060年には51・6％になるとされています。「2人に1人しか働けない」社会になるわけですから、これからはいかに人員を減らすかよりも、いかに優秀な人材を確保し、育てられるかが企業の将来を左右します。

インプットを減らすのはもう限界です。それよりは、アウトプットを増やすことにもっと注力すべきです。

生産性向上にはスピードが求められる

生産性向上について、もうひとつ忘れてはならないことがあります。それは、**「生産性はただ上げればいいわけではなく、スピードが求められる」**ということです。

変化の激しい世の中で、目指すアウトプットを生み出すために3年も5年もかけるわけにはいきません。変化適応スピードが遅くなればなるほど、アウトプットを生み出すまでの時間も遅くなり、他の追随によって、その労働自体が無駄になる可能性もあります。

生産性向上×変化適応スピードの向上

この視点を忘れてはなりません。**スピーディに生産性を上げるには、従業員一人ひとりが常に新たな知識やスキルを吸収し、日々の業務での実践を経て、成長していくこと。つまり「人の質」を上げることが不可欠です。**そして組織は、そのような活動を推奨し、支援し、来る変化に対して準備をしていくことが求められます。

学びの成果には限界がない

労働時間やコストの削減だけで乗り切ろうとするのは、料理にたとえれば「時短・激安レシピ」に頼り続けるようなものです。そうではなく、「おいしい料理」を手際よくつくれるように料理の腕を磨くほうが、より豊かな食生活を送る近道になります。

会社の生産性向上を目指すなら、社員一人ひとりの能力を高め、組織の力を底上げし、

これまでと同じインプットでより多くのアウトプットを生み出せるようにすることです。

そのために取り組むべきなのが、**「学び」の改革**なのです。

そして、**学びには限界がありません。**効果的な学び方をすれば、社員の知識やスキル、顧客とのコミュニケーション、社員同士の連携など、会社の業績改善につながるあらゆる側面を強化することができます。

しかも、常に学び合う社内文化をつくることができれば、1年後、3年後、5年後もその効果は持続します。

「それができたら理想だけど、実際、いい研修をしても人材は育っていない」
「人の能力にこそ限界があり、能力差も大きい」

そんな声も聞こえてきそうです。

それでも、私たちは**「学びが成果につながる」**と断言します。「はじめに」で紹介したノバルティスの例のように、**効果的に学ぶ組織は、そうでない組織よりも大きな成果をあげることができるのです。**

テクノロジーを導入するだけでは業績は上がらない

「とりあえずDX」ではむしろ生産性は下がります

テクノロジーによって生産性は上がった？

すでに、生産性向上や業績底上げのための施策として、テクノロジーの活用を進めている、あるいは検討している企業・経営者は多いでしょう。

テクノロジー分野の話題だけでも、AI（Artificial Intelligence：人工知能）、IoT（Internet of Things：モノのインターネット）、DX（Digital Transformation：デジタル・トランスフォーメーション）、さらには「ロボティクス」や「ビッグデータ」など、さまざまな用語が飛び交っています。

情報処理推進機構（IPA）が2020年に発表した調査によると、4割強の企業がDXへの取り組みを実施中であり、従業員1001名以上の企業では8割近くがDXに取り組んでいるとわかりました。ただし、取組内容としては「業務効率化」がその中心とされています。

経済産業省は「デジタル・トランスフォーメーションを推進するためのガイドライン（DX推進ガイドライン）」でDXを「製品やサービス、ビジネスモデルを変革するとともに、業務そのものや、組織、プロセス、企業文化・風土を変革し、競争上の優位性を確立すること」と定義しましたが、「ビジネスモデルの変革」「競争上の優位性確立」は道半ばです。

では、テクノロジーで業務効率化ができたら、会社の生産性は上がるのでしょうか？

答えはノーです。**テクノロジーを取り入れるだけでは、「アウトプットの量と質を増やす」生産性の向上にはつながりません。**実際、インターネットやメール、スマートフォンやSNS、さらにはオンライン会議システムを取り入れても、労働時間が劇的に減ったわけでもなく、生産性も大きく向上していないというのが実感でしょう。

テクノロジーをただ導入するだけでは生産性が下がることも

世界的に見ても、どうやらテクノロジーの活用が、必ずしも生産性を向上させているとは限らないようです。むしろ、生産性を下げる要因にもなっています。

たとえば、デロイトトーマツグループが世界106か国、3300人以上のビジネスリーダーや人事責任者・担当者へのアンケート結果をまとめた「Global Human Capital Trends 2015」によると、アメリカの平均的な労働者は、一日の25%の時間をメールを読んだり返信したりすることに費やしているそうです。テクノロジーの進化によって、**「メール対応」という一日の4分の1を費やす仕事が新たに生まれている**のです。

別の角度から見てみましょう。平均的なスマートフォンユーザーは、一日に150回もスマホをチェックしているとの報告もあります。つまり、**「スマートフォンがあることで、一日に150回も目の前の業務から気をそらされている」**わけで、それでは、生産性が上がるはずもありません。

このような事実は、私たちに、テクノロジーを「導入」するだけで生産性が向上するわけではないことを教えてくれます。テクノロジーの導入はあくまでもきっかけであり、その先にある成果を生み出せるかどうかは、テクノロジーの使い方次第です。

そこで重要となるのは、**「どんなテクノロジー」**を**「どう活用するのか」**です。それについては、ここ何年かの私たちの生活の変化を振り返ってみるとわかりやすいでしょう。

日々の買い物は、アマゾンでワンクリックすれば世界中のありとあらゆる商品を買うことができます。ライドシェアを活用したウーバーイーツのデリバリーサービスによって、外食に制限があるコロナ禍でも食べたいものを食べたいときにオーダーできるようになりました。Zoomがあれば、国内だけでなく海外の人ともすぐにミーティングを始めることができます。不動産業界では、AR・VRを活用した物件の内見が整備されつつあります。さらには、金融、ヘルスケア、コミュニケーションまで、ありとあらゆる分野にテクノロジーをうまく活用したイノベーティブな変化が起きています。

そして、テクノロジーを活用するには人の成長が欠かせません。ここでもやはり、ハード面の整備だけでなく、ソフト面の「学び」が欠かせないのです。

「学びの効果」を最大化するためにテクノロジーを使う

テクノロジーの活用は、学びの効果を最大限に高める助けにもなります。

その実例のひとつが、将棋棋士の藤井聡太二冠（2021年6月時点）の類まれな活躍ぶりです。デジタルネイティブ世代である藤井さんは、AIを使った対戦や研究により、その実力を常に高めてきたといわれています。

またスポーツでは、野球やサッカー、バスケットボールなどの集団競技から、テニスや卓球などの個人競技まで、データ収集、分析、戦術変更を含めた学習と練習、試合での実践にテクノロジーが活用されています。

企業においても、デジタルツールやデバイスを活用したeラーニングやオンライン研修など、個人や組織の学びを後押しするテクノロジーも導入されています。ただし、それは学びにおけるテクノロジー活用の入り口に過ぎません。

今後はさらに、**組織の生産性を底上げするために、知識やスキルを確実に定着させ、ハイパフォーマーのノウハウを共有し、さらにモチベーションやエンゲージメントを高めるために、テクノロジーがより活用されていきます。**これこそが、テクノロジーによって学習効果を飛躍的に高める**「学習のDX」**です。

求める成果（パフォーマンス）から逆算した戦略的、かつ効果的・効率的な学習を可能にする。学ぶ人のモチベーションを高め、学習を継続させる。それこそが、私たちが学習プラットフォーム「UMU」で実現する、テクノロジーで学習効果を最大化する新しい企業内学習の姿です。

今後は、いかに社内の教育にテクノロジーを活用するのかによって、企業や個人の競争力に大きな差が出ます。

テクノロジーを活用して学びを確実にパフォーマンス向上につなげる具体的な方法については第2章以降でお話しします。

「モノの質」より「人の質」が競争力を左右する

「よりよい製品」をつくるには、まず「よりよい人材」をつくる

これからの時代は「人の質」が問われる

この章の初めに、**これからは「モノの質」より「人の質」が企業の成長を左右する**とお話ししました。

ここで、人類のこれまでの歴史とこれからの展望について考えながら、「人の質」を高める重要性について考えてみましょう。私たちの社会は、人類誕生から今日までの間に、さまざまに変化してきました。段階的に見てみると、自然と共生する狩猟社会（Society 1.0）、灌漑《かんがい》技術が開発され定住化が始まった農耕社会（Society 2.0）、そして18世紀末頃から始まった工業社会（Society 3.0）では蒸気機関車が発明され、大量生産が可能になり、近代文明を形成するとともに世界の経済も飛躍的に発展しました。

とくに、工業化が進んだ戦後の日本は、「より質の高い製品を、より安く、速く、大量につくる」ことを実現させました。その背景のひとつとして、「決められた工程を、手際よく丁寧に行う」という日本人の特性があり、それが日本の高度経済成長期を支えていました。それがいつの間にか「よりよいものをつくれば売れる」という神話を生み、日本は時代の先を読めなくなってしまったのです。

その結果、コンピュータやITが発展した情報社会（Society 4.0）において、日本はテクノロジーの開発やイノベーションの創出が十分にできず、世界に大きく出遅れて、「失われた30年」を招いてしまいました。

その間、アップルやグーグルはスマートフォンやタブレットというまったく新しいデバイスを生み出し、グーグルの提供するさまざまなサービスは、もはや私たちの生活においてインフラ化しています。ウーバーイーツやZoomなどの新たなサービスやツールも、コロナ禍を経て日本でも日常生活に浸透しました。

もちろん、日本企業は今でもすばらしい技術力を持っていますし、日本製品の質のよさは世界のユーザーにとって魅力的です。イノベーティブな事業を展開する企業も少なくありません。ただ、世界経済で見たときには、GAFAをはじめとする世界を席巻する巨大企業に対し、日本企業の存在感が薄れていることは、すでに見てきたとおりです。

これからの時代に問われる「人の質」とは？

これから迎える「Society 5.0」は「超スマート社会」とも呼ばれます。

内閣府では、「Society 5.0」を**「サイバー空間（仮想空間）とフィジカル空間（現実空間）を高度に融合させたシステムにより、経済発展と社会的課題の解決を両立する、人間中心の社会（Society）」**と表現し、次のような社会の変化が起きると構想しています。

■ IoT（Internet of Things）ですべての人とモノがつながり、新たな価値が生まれる
■ イノベーションにより、さまざまなニーズに対応できる
■ ロボットや自動走行車などの技術で、人の可能性が広がる
■ AIにより、必要な情報が必要なときに提供される

これからの社会は、「人間中心の社会」とも表現されています。ロボットやAIが人の労働を一部肩代わりしながら人をサポートし、IoTが「人ができること」の可能性を広げていきます。つまり、これからは、**人はより創造的で革新的な仕事に専念する社会にな**

っていくため、私たち一人ひとりの「人の質」が問われるようになります。

企業の競争力を上げる「人の質」とは、たとえば次のようなものです。

- 投入したインプット以上のアウトプットを出すパフォーマンスの高さ
- イノベーションを起こせる革新性や人の心を動かすクリエイティビティ
- アイデアをスピーディに形にする実行力
- 今あるものに固執せず、新たな価値に適応する変化適応力
- 自分の専門分野以外にも学びを広げるリスキリング（能力の再開発、再教育）の姿勢

もちろん、求められる「人の質」も一定ではありません。だからこそ、**時代の変化に合わせて自らバージョンアップできる人材**が必要なのです。

そのためには、**研修の成果を高めるのはもちろんのこと、従業員自身が学び続ける姿勢が求められます。だからこそ、企業の学びの文化を変える必要があるのです。**

ここまでお話ししても、やはり「人の質はそう簡単には変わらない」「実際に、研修をしても成果は出ていない」という声も聞こえてきそうです。ですが、「人の質を高める教え方」「成果につながる教育」さえすれば、必ずそれは実現できます。

第2章

業績アップを実現する
パフォーマンス・ラーニング

「ためになった」だけの研修はもうやめにしよう

その研修は、「成果につながる研修」ですか？

「イベント化」している社内研修

ここで皆さんに質問です。企業にとっての「いい研修」とはどんな研修でしょうか？

「とてもためになる内容でした！」

「仕事に役立ちそうなことを学べました」

研修後のアンケートで受講者からこんな高評価を得たら、「いい研修」といえるのでしょうか？　答えはノーです。

受講者からの評価が高いことは研修を評価するひとつの指標にはなりますが、**本当の意味で研修を評価する指標は「ためになった」「役立ちそう」のその先、「実際に成果につながったのかどうか」です。**会社は、人材育成のため、その先にある生産性向上や業績アップのために投資しているのであって、研修という「イベント」を成功させるために投資しているわけではないはずです。

成果につながる研修こそが「いい研修」である。これについては多くの方に賛同していただけると思います。

では、御社では、どのようにして研修を成果に結びつけていますか？　何をもって、研修が成果に結びついたかを判断していますか？

この質問に答えられる方は、少ないかもしれません。なぜなら、**日本企業の人材育成は、研修を実施すること自体が目的化している傾向があるから**です。

新入社員研修でいえば、入社前の内定者研修から、入社後の数か月にわたり、「ビジネスマナー」「自社の商品・サービスについての基礎知識」「ワークショップ」など、おおむね決められたメニューをこなすのが、これまでの研修のあり方でした。階層別研修も、決められた年次や昇格のステップに応じて、決められた研修を行うのが通常です。研修を滞りなく、例年通りに実施することがゴールになってしまっているのです。

初めから研修のROI（Return On Investment：投資対効果）を意識して成果が出るように設計していないのですから、「研修の効果が見えない」「研修にお金をかけても無駄」という結果になるのは、当然のことといえます。

「イベント化」した研修の弊害は、ＲＯＩの低さだけではありません。**実施すること自体が目的化した研修は、研修を受ける従業員の「やらされ感」を生みます。**研修を受けることで、できる仕事の幅が広がり、自分の成績が上がるというイメージが持てないのなら、「研修を受ける暇なんてないけど、仕方ない」という受け身の姿勢になるのは無理もありません。「学びたい（want to）」でなく「受けなきゃいけない（have to）」という心構えで研修に「参加」しているだけでは、当然、学習の効果は高まりません。

「イベント化」した研修に欠けている２つの視点

「イベント化」した研修を、本当に成果につながる研修にするためにはどうしたらよいのでしょうか？　必要なものは２つあります。

- 研修の成否を評価する明確な目標
- 目標を達成するための学習効果の高い研修設計

それぞれの研修の「テーマ」は設定されていることがほとんどですが、その研修の効果を測る具体的な「目標」が設定されているケースは多くはありません。そのため、なんとなく、研修後のアンケートで成果を測る流れになっているのです。**「ためになった」という声は聞かれたものの、数か月、あるいは半年、1年経っても結果につながっていない研修は見直す必要があります。**

もちろん研修を通して、同期入社の仲間や先輩たちと交流し、親交を深めてもらうという狙いもあるでしょう。それが結果として、中長期的なモチベーションの維持・向上や、エンゲージメントを高めることにつながるので、「結果が出ない研修はすべて意味がない」というわけではありません。けれど、そういった**数字で測れない成果も含めて、目標設定は行われるべき**です。その具体的な方法は、第4章でお話しします。

2つ目の「目標を達成するための学習効果の高い研修設計」が本書のメインテーマです。**質のいい学習コンテンツ、有能な講師、モチベーションの高い受講者。どれも「成果に結びつく研修」に欠かせないものですが、最も大切なのがそれらを効果的に組み合わせる「設計」です。**

つまり、学習内容や講師、研修を受ける従業員よりも、それを組み立てる人事部、人材開発部、あるいは現場で教育を担う担当者がいかに効果的な設計をするかが、研修の成否を握っているのです。効果的な研修設計については第3章から解説していきます。

「教えたのにできない」のは教え方に問題があるから

確実に身につく教え方、していますか?

なぜ、高い研修を受けさせても社員は変わらないのか

「どんなにいい研修をしても社員が変わらない」

「きちんと教えているのに、できない」

「そもそも、学ぶ意欲が見られない」

そんな悩みを抱えている企業は多いと思います。人材育成の担当者からは、「高い研修を受けさせても社員が育つとは限らない」と半ば諦めにも似た声が聞こえてきます。

けれど、諦めないでください。**効果的な研修をすれば、社員は必ず育ちます。**こう言うと、「学習内容は変えられても、学習〝者〟の質は変えられないから……」と思う方もいるかもしれません。どれほど優れた研修を実施しても、採用した人員の資質によって得ら

れる成果はある程度決まってしまう。はたして、それは本当でしょうか？

もちろん一定の能力差があることは否定できませんが、**人の能力は教え方次第で必ず伸びます。個々人の資質による能力差も、研修で縮めることが可能です。**

「研修のROIが見えない」「高い研修を受けさせているのに社員が育たない」と諦める前に、「研修のやり方に改善の余地がある」という視点で研修を見直してみてください。

企業の研修は、年間計画に合わせて予算とおおまかなスケジュールが設定されており、それに沿って具体的な研修内容を組むのが一般的です。その内容も、例年のものを踏襲するか、新たな研修を導入するなどして一部アレンジする、あるいは、設計も含めて外部の研修会社に委託するケースもあります。

「営業成績の向上」や「従業員のスキルアップ」「離職率の低下」など、具体的な成果から逆算するのではなく、例年の予算、スケジュール、内容をもとに研修が設計されている。だから、研修の成果が見えない。これは当然の結果ともいえます。

「やるだけ」の研修からパフォーマンス・ラーニングへ

研修で教えたことがどれだけ現場で生かされているかを調査した研究があります。その結果、驚くべきことに、**「研修で学んだことの60〜90%は現場で実践されていない」**というのです（Saks & Haccoun 2004）。

「教えたのに、できない」は、どうやら日本企業だけの問題ではないようです。だからこそ、私たちはまず、**「『やるだけ』の研修では、結果は出なくて当然」**という認識からスタートしなければなりません。

「イベント」としての研修ではなく、「パフォーマンスにつながる学び」へと切り替えましょう。**「教えたのに、できない」と嘆く前に、確実に仕事で実践できるように教え方を変える**のです。それが本書で紹介する「パフォーマンス・ラーニング」です。

では、どうすればパフォーマンス・ラーニングを実現できるのでしょうか？　その答えはすでにお話ししました。

- 研修の成否を評価する明確な目標
- 目標を達成するための学習効果の高い研修設計

この2つを忘れずに覚えていてください。明確な目標設定と学習効果の高い研修設計さえできれば、御社の研修は劇的に変化し、生産性が向上することをお約束します。

社内研修で高められる生産性は1割

ポイントは、
残りの9割を
どう設計するかです

社内研修で高められる生産性はごくわずか

社内の学びをどのように設計していけばいいのか。それを知るためには、現場の社員がどう学んでいるのかを知らなければなりません。

たとえば、アメリカの教育テクノロジー企業Degreedのレポート「HOW THE WORKFORCE LEARNS IN 2016」によると、従業員らの学び方は「上司やメンターに聞く（69%）」「同僚に聞く（55%）」「インターネット検索（47%）」「オンラインリソースへのアクセス（43%）」という順になっています。つまり、**会社から設定された研修よりも日常業務の中で学びを得ているケースが大半である**ということです。

一方で、「LMS（学習管理システム）へのアクセス（28%）」や「研修部や人事から（21%）」

70:20:10の法則

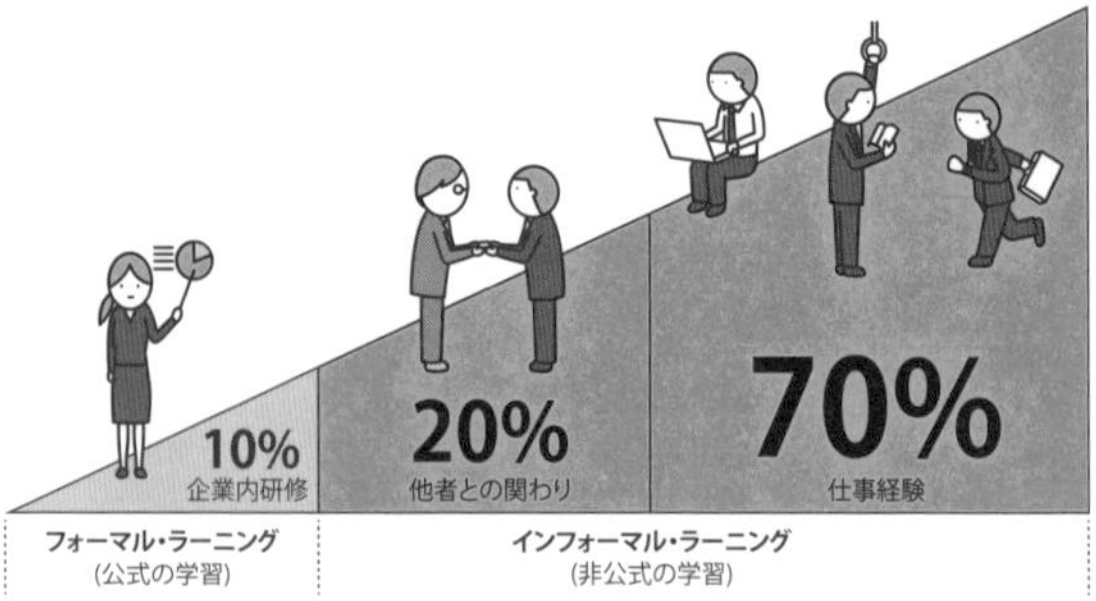

出典：ロミンガー社の資料をもとに作成

成果に結びつく学びのうち7割は仕事での経験から、2割は他者との関わりから得られ、企業内研修から得られるのは1割であることがわかった。

などの公式の学習からの学びは低水準に留まっています。

もうひとつ、アメリカの調査機関ロミンガー社の調査で明らかになった**「70：20：10の法則」**を見てみましょう。

これは、**仕事の成果に結びつく学びのうち、70％が仕事経験、20％が他者との関わりで、研修などの公式の学びはそのうち10％に過ぎない**、というものです。

このことから、**研修やOJTなどの公式の学習（フォーマル・ラーニング）だけでは成果があがらず、結果を出している人ほど、非公式の学び（インフォーマル・ラーニング）から多くのものを得ている**ということがわかります。

ポイントは「非公式の学び」をどう設計するか

「だったら、研修を変えたところで無駄じゃないか」

「やはり、仕事は現場で、先輩の背中を見て学ぶのが一番」

「社員の成長は、本人の学ぶ意欲にかかっている」

そんな声も聞こえてきそうですが、「70：20：10の法則」が示唆するポイントはそこではありません。

これまで10％のインパクトしかない公式の学習にばかり時間と費用を費やしていたことを見直し、従業員の非公式の学習を充実させるべきなのです。公式・非公式の垣根を取り払って、10％の公式の学びだけでなく、残りの90％の非公式の学びまでを人材育成の一環として設計していくのです。

非公式の学びを設計するといっても、もちろん「社員のプライベートな学びまで管理しなくてはならない」ということではありません。

公式の学びは会社が提供する研修が該当しますが、非公式の学びには次のようなものがあります。

- 職場での経験から得る学び
- 仕事を通して発生した日々の課題や疑問を解決する学び
- 同僚との情報共有やディスカッション
- 従業員の階層や成長度合いに合わせた学び
- 最新の業界情報や新しいテクノロジーの使い方
- 業務とは直接関係のない幅広い学び

つまり、非公式の学びとは、日々の仕事の中で学ぶ「デイリーラーニング」のことです。従業員は、仕事を通じてノウハウを学んでいます。**その非公式の学びをより成果につながるように設計することが重要なのです。年に数回行われる研修だけでなく、いつでもどこでも、従業員が必要なときに、効果的・効率的に学べる環境をつくるのです。**

非公式の学びをデザインする重要性

「自分で学べ」では社員は学びません

日本の社会人は学び直す割合が低い

会社が従業員の非公式の学びを設計するべきもうひとつの理由に、**日本人は社会人になってから学び直すことが少ない**という事実があります。

ここで、日本の社会人の学習状況について確認してみましょう。

25～64歳の成人のうち大学などの機関で教育を受けている人の割合を比較したOECD（経済協力開発機構）の調査によると、日本は、学び直している大人の割合がわずか2・4％でした。イギリスの15・8％やアメリカの14・3％、さらにはOECD平均の10・9％と比較しても大きく下回っており、データが利用可能な28か国中、最も低い水準だということがわかりました。

学び直す大人の割合

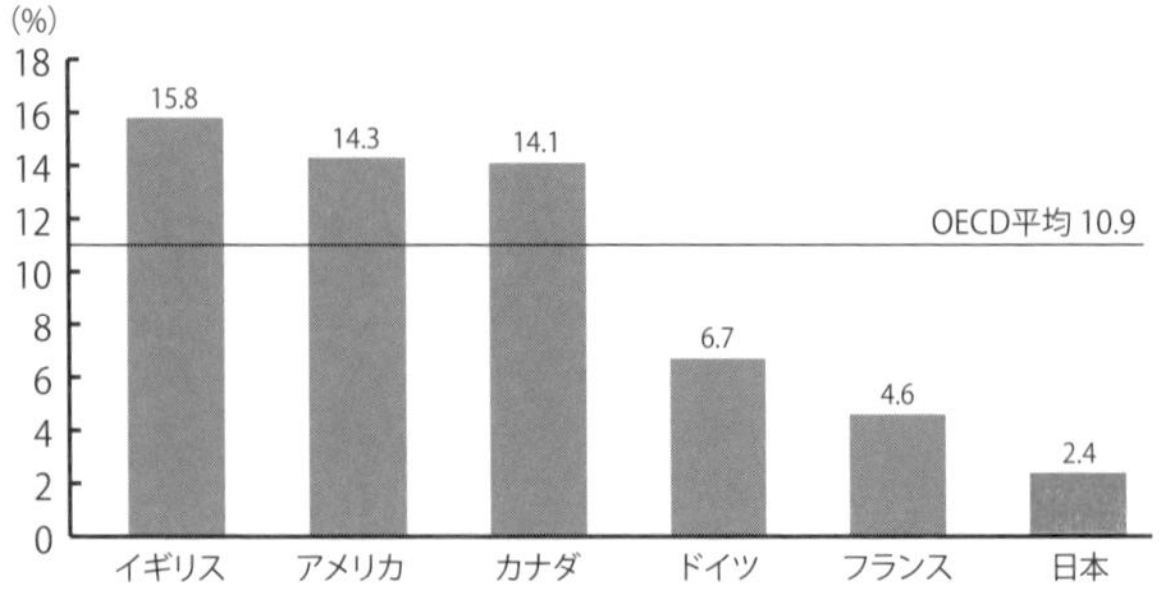

出典：内閣府「平成30年度 年次経済財政報告」

25〜64歳のうち大学など学校教育体系に含まれる教育機関でフルタイムの教育を受けている人の割合を比較した（OECDの調査による。調査年は2012年または2015年）。

日本は他国よりも、大人が自主的に学び直す傾向が著しく低いのです。

文部科学省が社会人を対象に行った別の調査では、学び直しを行わない理由として、「費用が高過ぎる（37・7%）」「勤務時間が長くて十分な時間がない（22・5%）」「関心がない・必要性を感じない（22・2%）」「自分の要求に適合した教育課程がない（11・1%）」「受講場所が遠い（11・1%）」といった理由が挙げられています。

日本の社会人が学び直しをしないのは、こうした個人的な理由のほかにも、終身雇用や年功序列といったこれまでの「日本的雇用慣行」が影響していることが考えられます。

つまり、「学ばなくても仕事に支障がない」

人材育成投資(OJT以外)のGDPに対する比率

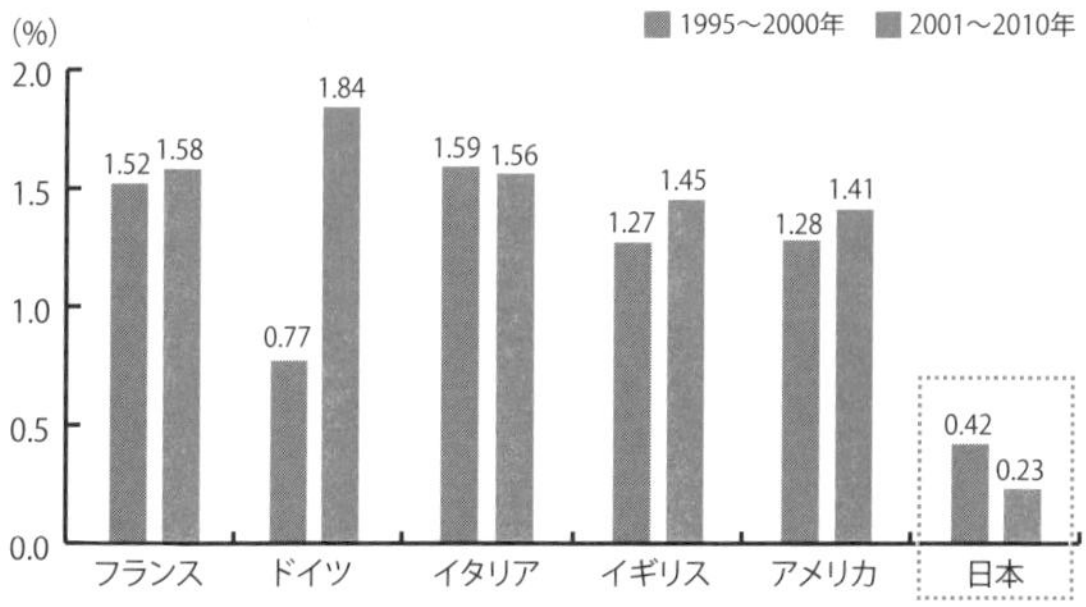

出典：経済産業省「『雇用関係によらない働き方』に関する研究会報告書」

日本は他国に比べて人材育成投資が非常に低い。1995〜2000年と2001〜2010年で比較すると、他国の投資が増えるか同水準を保つなか、日本の投資は減っている。

と認識されているのです。

これらのことから、従業員の自主的な学びに期待するのではなく、会社が積極的に非公式の学びの機会をつくっていくことが大切であることがわかります。

学びに対する消極的な姿勢は、従業員だけの問題ではなく、企業側の「学びへの投資」が不足していることも原因のひとつです。

企業のOJT以外の人材育成投資のGDPに対する比率を比較したデータでは、日本の比率はフランスやドイツなど他国と比べて非常に低く、その比率は2000年より前と後で比べて、増えるどころか減っていたのです。

「学び」が競争に勝つ最大の武器になる

「人生100年時代」といわれるなか、**リカレント教育（社会人の学び直し）**や**リスキリング（変化に適応する職業能力の再開発、再教育）**が重視されています。「勉強するのは大学まで」「社会人で学ぶのは意識が高い人だけ」というのは過去の話です。

社会人の学びが重視される時代において、社会人の学びが思うように進んでいない実態は、今後の日本経済を左右する大きな問題です。

しかし、**学びに積極的な企業や社会人が少ないという現実は、言い換えれば、学びに積極的に取り組む企業ほど優位に立ち、他社との競争に勝てる可能性が高い、ということでもあります。**

たとえば、人材・組織開発に関するさまざまな情報を発信している世界最大の団体ATD（Association for Talent Development）が2019年に実施したカンファレンスでは、**『学び』こそが競争優位の唯一のポイントとなる**」として、次のような要点が挙げられていました。

1. 成功企業はテクノロジーをいち早く取り入れている
2. 成功企業はデータ分析から洞察を得ている
3. 成功企業はラーニングのROIを常に追いかけている

ここでひとつポイントとなるのが**「ラーニングのROI」**という言葉です。イノベーションの創出や生産性の底上げには、やるべき業務や作業の手順を覚えるための「トレーニング」だけでなく、自己成長を含む広い意味での学び**「ラーニング」**が欠かせません。

これまでも意欲的な人は個人でラーニングに力を入れてきましたが、自主的に学び直す人は一握りであるという実情を踏まえると、会社側からもラーニングの機会を提供する必要があります。

社員が自主的に学ばないことを、「本人の心がけ」や「努力不足」で片づけてはいけません。「会社がお膳立てし過ぎると自主的な学びにつながらない」という意見もありますが、会社が支援して学ぶ動機づけをし、学びに対するモチベーションを高め、維持することは可能です。何より、社員の非公式の学びが生産性向上や競争力の強化に結びつくのなら、やらない理由はないはずです。

非公式の学びを仕組み化したグーグルの「20%ルール」

非公式の学びを会社が仕組み化したものとして広く知られているのが、グーグルの「20%ルール」です。

これは、「業務時間の2割を、現在の業務以外のこと、すぐには結果が出なくても将来グーグルに大きな利益をもたらすかもしれないプロジェクトに費やす」というものです。あえて目の前の業務以外のことに時間を費やすことを、会社が奨励し、新たなことを学び、それに取り組むことを後押ししているのです。

その結果、社員はよりクリエイティブに、イノベーティブになります。強制的に学ばせるのではなく、自発的で自由な学びや、新たな分野にチャレンジする姿勢を後押しし、そのための環境を提供していることが、数々のイノベーティブなプロダクトを生むグーグルの強みとなっています。

このような、「学びの文化」を醸成するしくみこそ、今の日本企業にも必要なものなのではないでしょうか。

「知っている」を「できる」に変える学び方

この2つには大きな違いがあります

何を学ぶかの前に、どんな成果を生むかを決める

ここであらためて、第1章で見た「生産性の方程式」を思い出してください。生産性（労働生産性）とは、投資した時間やコスト（費用・経費）、労力（労働力）に対し、どの程度の経済効果（業績、結果、成果）が得られたのかによって測られ、次のような方程式であらわされます。

生産性＝業績・成果（結果）／時間・コスト・人員（材料）

これを研修や企業内学習に当てはめてみるとどうなるでしょうか。

実施している研修（インプット）が、いかに社員の知識やスキルの向上とそれによってもたらされる成果や業績の向上（アウトプット）につながっているかが、「研修の生産性」を評価する指評ということになります。

ここで問題になるのが、従来の研修や企業内学習が講義、ワークショップやロールプレイング、eラーニング、OJTなど、「どのような研修内容を組むか」というインプットを考えることからスタートしていた、ということです。

そこには、生産性向上やパフォーマンスに結びつけることを前提としたアウトプットへの配慮が欠けています。

パフォーマンス・ラーニングを実現するには、**どんな成果を得たいのかを定める**ことから始めます。そして、そこから逆算し、**求める成果に結びつくように研修内容を考える**のです。

これは、「目的地を決めてから、そこへたどり着く道筋を決める」というごく当たり前のプロセスです。

しかし、多くの企業の研修ではその当たり前のプロセスが抜けているのです。

「知っている」で終わらせない

会社の業績を上げるためには、「物知りな従業員」よりも「結果を生み出す従業員」が必要です。

「結果を生み出す従業員」を増やすためには、学びによって「知っている（know-what）」を「できる（know-how）」に変えていかなければなりません。そのためには、知識を知識のままにするのではなく、**「体（行動）」と「頭（発想）」でアウトプットする**ことが求められます。

企業内学習には、**「認知」「理解」「記憶」「業務適応」**という4つの段階があります。

- 認知：知っているかどうか
- 理解：自分自身の言葉で表現できるかどうか
- 記憶：確かな記憶として定着しているかどうか（脳への定着）
- 業務適応：実際の業務で使えるかどうか（脳と体への定着）

「知っている」と「できる」の違い

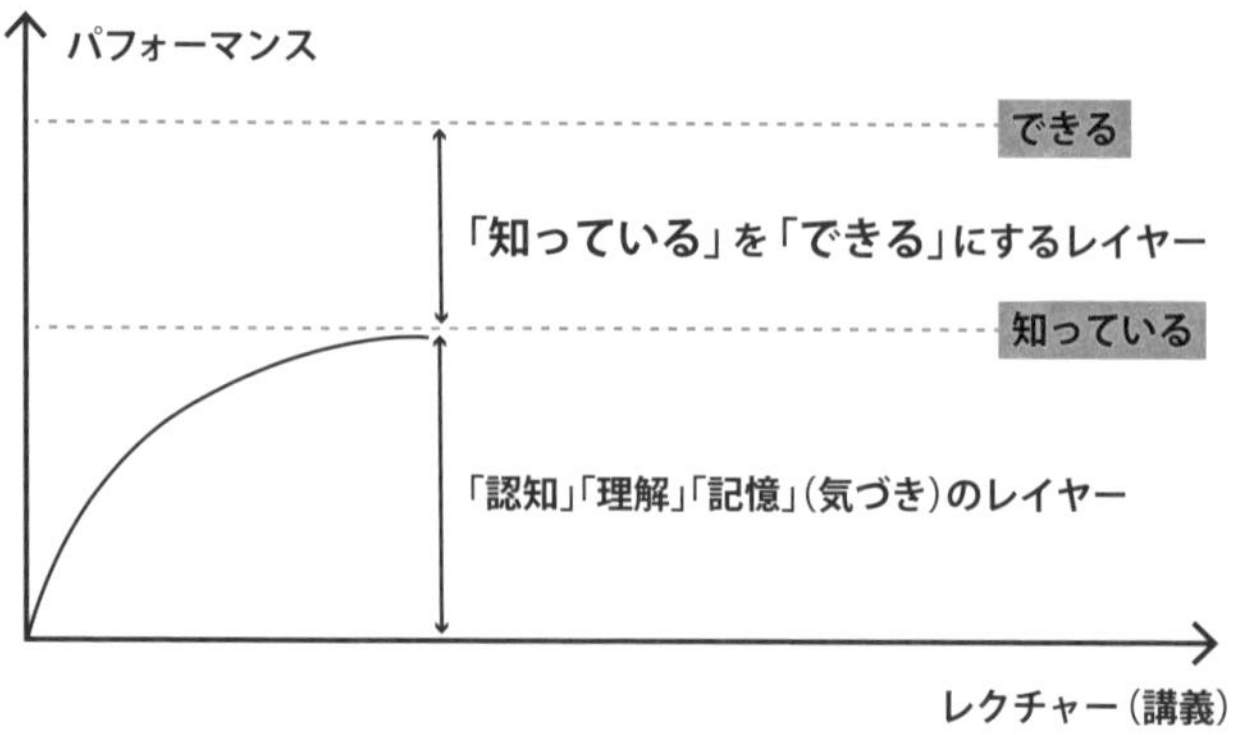

「知っている」と「できる」の間には天井があり、通常の学習だけでは、「知っている」より上に上がることができない。

「認知」「理解」「記憶」は「知っている」段階に持っていくためのレイヤーであり、「業務適応」はさらに「知っている」を「できる」に変えるレイヤーです。その間には、「天井」があり、ただ教えるだけではこの天井を越えて「できる」ところまで上がることはできません。

これまでの研修は、講義やeラーニングなどを通じて「知っている」段階を目指すものが中心でした。「どんなに研修をしても、社員ができるようにならない」という結果になるのはそのためです。

しかし、パフォーマンス向上を実現するためには、そこで終わらせてはなりません。**いかに「知っている」と「できる」の間の天井を打ち破るか。**そこを考えて、アプローチを変えていかなければなりません。

学習によって社員が「できる」ようになれば、得られる成果が大きく変わります。これまで仕事ができずに悩んでいた社員も、仕事のコツをつかみ、成果をあげていくことができます。そして、**「学んで結果を出す、結果が出るから学ぶ」**という好循環を生み出せるようになります。

学びで「社員の行動と発想」を変えると、スキルや能力向上が実現されるだけでなく、自信もつき、さらに生産性が上がります。仕事におけるプラスの相乗効果が生まれることは間違いありません。個人のパフォーマンスが向上すれば、組織全体の生産性も改善し、業績が上がり、企業価値が高まります。

成果から逆算して、「知っている」を「できる」に変える研修設計をし、ラーニングを最適化する。今、それができている企業は多くはありません。だからこそ、**今すぐパフォーマンス・ラーニングに着手すれば、他社との競争において有利な立場に立つことができるのです。**

テクノロジー×コンテンツ×教育学＝新しい学び

eラーニングの一歩先へ進みましょう

「良質なコンテンツ」だけでは生産性は上がらない

「知っている」を「できる」に変えるパフォーマンス・ラーニングをいかに設計していくかについては第3章から詳しく解説していきますが、その前にパフォーマンス・ラーニングを実現する3つの要素についてお話しさせてください。

これまでの研修では、「何をどう教えるのか」という学習の「コンテンツ」が重視されてきました。良質なコンテンツはパフォーマンス・ラーニングに欠かせない要素のひとつではありますが、どんなにいい学習コンテンツを使っても、どんなに優れた講師を招いても、それだけで成果に結びつくわけではありません。

これまでの学習コンテンツは、成果から逆算して決めるのではなく、例年の研修の内容や研修予算、研修会社の方針によって決められていました。だから、「知っている」までは持っていけても、「できる」ようにはならなかったのです。

ただし、ここでもうひとつ皆さんにお伝えしなくてはならないのは、**成果から逆算した最適なコンテンツさえ用意すれば生産性が上がるわけではない**ということです。

組織の学びを劇的に変えるかけ算

パフォーマンス・ラーニングを実現するには、「何をどう学ぶか」という**「コンテンツ」**だけでなく、学習の効果や効率を高める**「テクノロジー」**や、「どう学べば学習の効果が高まるか」という科学的な裏づけに基づいた**「教育学」**が必要です。

テクノロジー×コンテンツ×教育学

この3つが合わさると、組織の学びは大きく変わります。**学習効果が飛躍的に高まり、今まではできなかった教育ができるようになり、学習の成果があらわれ、「教えたのに、できない」がなくなります。**

「テクノロジー」「コンテンツ」「教育学」のかけ算がなぜ成果につながる学びを生むのか、ひとつずつ見ていきましょう。

▼テクノロジー

テクノロジーは私たちの生活を大きく変えました。学習においても、eラーニングやZoomを使ったオンライン研修など、テクノロジーが活用されています。

ただし、集合研修をそのままオンライン化しただけでは学習の効果は望めませんし、ひたすらeラーニングをすればパフォーマンスが上がるわけではありません。**テクノロジーを研修に取り入れるだけでは、期待するほどの効果は上がらないのです。**

「成果をあげる」という目標を定めてテクノロジーを活用することが重要です。たとえば、私たちが提供する「UMU」では、AIがロールプレイングの練習相手になる「AIコーチング」や、いつでもどこでも上司や同僚からのフィードバックを受けられるコメントやリアクション機能、そして、だれでも簡単に、自由にコース作成ができる学習プラットフォームづくりにテクノロジーを活用し、成果に結びつく学びを支援しています。

また、3つ目の「教育学」をもとにテクノロジーをうまく活用すれば、学習の「効果」と「効率」を高めながら、交通費や宿泊費などの研修にかかる「コスト」を下げることもできます。

▼コンテンツ

コンテンツには「何を教えるか」と「どう教えるか」の2つの視点があります。

「何を教えるか」は、「ビジネスマナー」「プレゼンスキル」「リーダーシップ」などの学習テーマです。

そして、学習効果を高めるには、そのテーマと目標とする成果に応じて「どう教えるか」を考えます。講義や紙の教材、パワーポイントのスライドだけでなく、動画や音声、さらにはディスカッションやロールプレイング、アンケート、クイズなど、さまざまな手段があります。「だれが教えるのか」もここに含まれます。

▼教育学

コンテンツ選び、コンテンツの内容や長さ、コースの組み方、研修を行うタイミング、フォローアップの仕方にいたるまで、研修設計のすべてが学習効果を左右します。学習効果の高い研修をするには、そのための知識「教育学」が必要になります。

たとえば、対面の講義は8分に1回、オンラインの研修や動画受講は4分に1回、受講者の集中力が途切れるという研究データがあります。こういった知識があれば、受講者の集中力が切れるタイミングで、質問を投げかける、講義から動画視聴に切り替える、あるいは、動画を4分で見られる内容にまとめるといった工夫をすることができます。

しかし、ここで問題があります。**ほとんどの日本企業には、そのような研修を設計できる専門家がいない**ということです。海外の企業には、「CLO（Chief Learning Officer：最高学習責任者）」と呼ばれる教育学を学んだ専門家がいて、経営目標や経営戦略をもとに、学習プログラムの構築や計画の策定など、社員教育のすべてを担っています。

日本企業の人事部や人材育成部門は、総務部がその役割を担っていたり、マネージャーが部署異動によって人材育成の担当者になったりするケースも多く、社員教育について専門的に学んできた人がそのポジションにつくケースは稀です。

そのため、意識して科学的に効果のある学習法について学ぶ必要があります。

テクノロジー、コンテンツ、教育学をかけ算した研修設計。これこそが、成果につながる「新しい学び方」なのです。

第3章

パフォーマンス・ラーニングの4つのステップ

成果を出す
学びに欠かせない
武器は？

「学び」という武器で確実にモンスターを倒す

「知っている」と「できる」の間にある溝を埋める

企業におけるこれまでの研修では、次のような課題があり、必ずしもパフォーマンス向上には結びついていませんでした。

- 実施することが目的の「イベント化」した研修
- 研修の成果を評価するための目標がない
- その目標を達成するための学習効果の高い設計がされていない
- 年に数回しか研修がなく、「知っている」が「できる」段階まで到達しない
- 「できる」ようになるかどうかを、学ぶ側の資質に頼っている

■上司の指導やＯＪＴの質にばらつきがある

会社全体として生産性を向上させるには、これらの課題を解決し、**「知っている」と「できる」の間の溝を埋める**工夫が必要です。そのために、成果から逆算した戦略的な学習「パフォーマンス・ラーニング」が求められることは、これまで述べてきたとおりです。

では、どうすればパフォーマンス・ラーニングを取り入れ、成果に結びつく研修ができるのか。そのためには、次の４つのステップを段階的に踏めるように研修を設計する必要があります。

1. 学ぶ（コンテンツ学習）＝インプット
2. 練習する（プラクティス）＝アウトプット
3. 評価・指導する（フィードバック＆コーチング）
4. 仕事に生かす（定着の証明）

これらの４つのステップは、私たちが提供する「ＵＭＵ」のベースとして組み込まれている考え方でもあります。第3章ではこの**パフォーマンス・ラーニングを成功させるため**

に欠かすことのできない「4つのステップ」についてお話ししていきます。

「現場で学べ」ではモンスターは倒せない

これまでの研修はひとつ目のステップである「学び」が中心でした。ロールプレイングなど、2つ目の「練習」も行われていましたが、十分とはいえません。

こういったこれまでの研修とパフォーマンス・ラーニングの違いは、ゲームにたとえてみるとわかりやすいかもしれません。

モンスターを倒すアクションロールプレイングゲームでは、最初の町で必要な武器や防具を購入し、アイテムの特性や使い方、それぞれのモンスターの攻撃特性や弱点を学びます。序盤では弱いモンスターを倒して練習をしながらレベルを上げていき、実戦を通して自分に合う武器や戦い方、必要なアイテムをジャッジしていきます。そうして、戦うスキルを高めてから、次のステージに進むためのボスキャラとの戦いに挑むのです。

これまでの研修は、基本の武器やアイテムを手に入れてからすぐにボスキャラに挑むような戦い方をしていました。パフォーマンス向上を意識した段階的な指導をすることなく、基礎知識を教えたらあとは「現場で学べ」「自分で考えろ」というのです。

「ぶっつけ本番」ではモンスターは倒せない

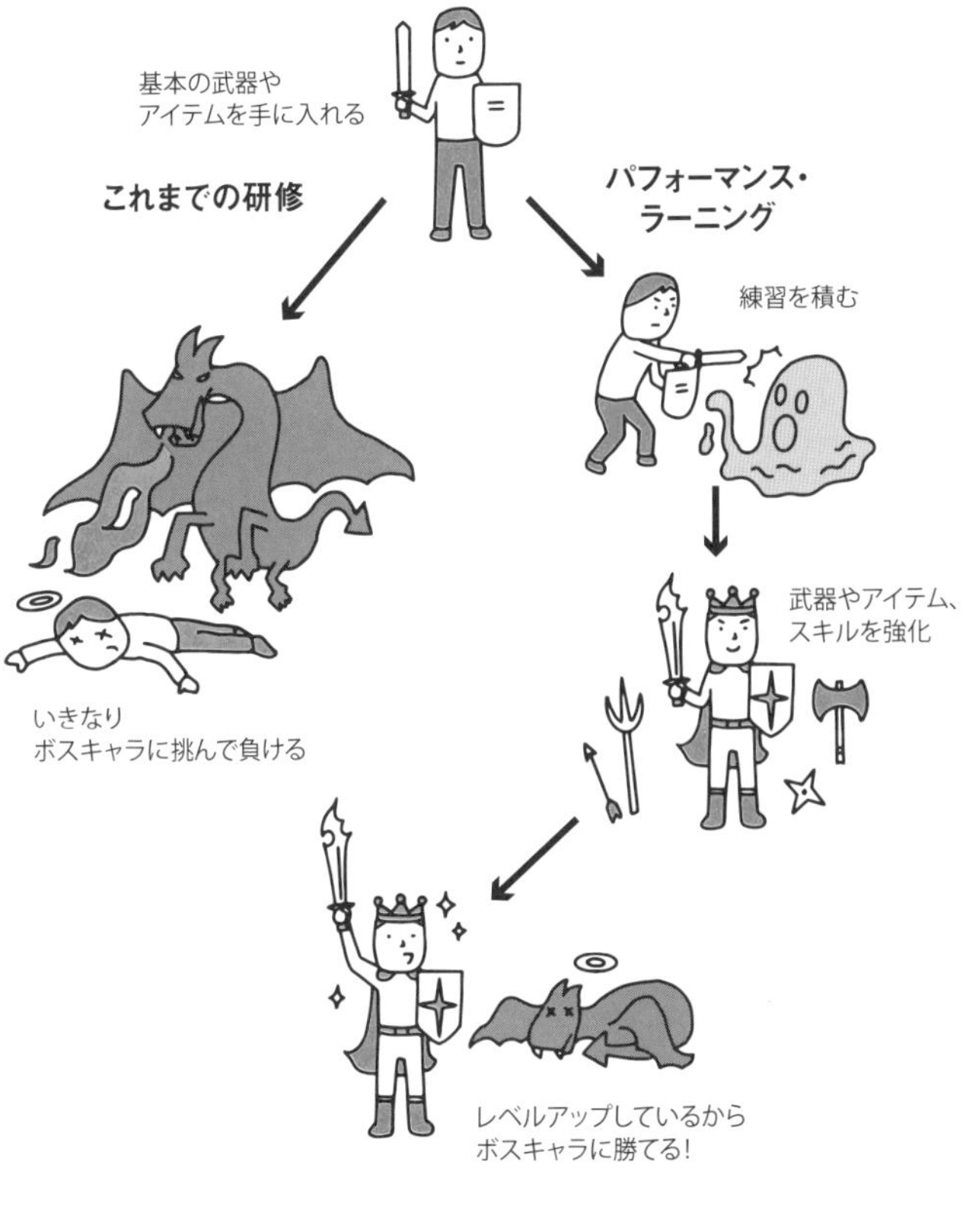

基本的な武器やアイテムを得てすぐにボスキャラと戦うのではなく、弱いモンスターで練習し、戦い方を振り返りながらレベルアップすればボスキャラを倒せる。

そのような「ぶっつけ本番」の戦い方では、コツをつかむのに時間がかかり、もともとセンスや能力の高い人しか勝つことができません。レベルを上げるステップを踏まずにボスキャラと戦わせて「なぜ勝てない」というのは無茶というものです。

優れたゲームほど、手順を踏めば自然とレベルアップできるようにつくられています。プレイヤーを序盤で離脱させることがないように、練習を重ねながらモンスターの倒し方を学べるようにし、レベルアップしたくなるような工夫もされています。

組織の学びも同じように、**従業員が学びを通して自然とレベルアップできるような仕組みを設計する**ことが必要です。業績が上がっている企業、若手が成長していて、従業員の定着率が高い企業ほど、そのような仕組みを整えているものです。

多くの新入社員を採用し、成果を意識していない研修を提供する。その結果、自分でコツをつかんで仕事ができる新人は残るが、初年度で多くの離職者が出る。そしてまた翌年、新たに新入社員を採用する……。このやり方は、非常に非効率であり、ROI（投資対効果）も低く、すでに限界を迎えつつあります。

これからの研修に不可欠なのは**「だれもが結果を出しながら成長できる」仕組み**です。その仕組みをつくるためには、**「学ぶ」「練習する」「評価・指導する」「仕事に生かす」**という4つのステップをきちんと踏むだけでいいのです。

学びを成果につなげる4つのステップ

シンプルだけど実践できている企業は少ないのです

ステップ1：学ぶ（コンテンツ学習）

パフォーマンス・ラーニングの4つのステップの具体的な方法についてお伝えする前に、それぞれのポイントと従来の研修との違いをひとつずつ見ていきましょう。

ひとつ目は「学ぶ（コンテンツ学習）」です。先ほどのゲームの例でいえば、戦うための武器やアイテム（知識やスキル）を手に入れる段階です。

学び方は、講義やワークショップ、さらにはテキスト、動画、音声などの各種メディアを活用するなど、さまざまです。研修の形式は、これまでは対面型の集合研修がメインで、一部、eラーニング（オンラインの学習）も活用されていました。そして、コロナ禍によってオンライン研修が広まりました。

しかし、集合研修やeラーニングだけでは効果が上がらないのは周知の通りです。オンライン研修にしても、「対面で集まれないから」という事情から急遽導入し、学習効果を高めるまでには至っていない企業が多いのが実情です。

一方、パフォーマンス・ラーニングでは、テクノロジーと学習の科学を活用しながら、おもに次のような方法でこれらの問題を解決します。

- 「オフライン研修（対面型の集合研修）」「オンライン研修」「オンライン学習」、または講義、動画、テキストなどの学びを効果的に組み合わせる
- 短い時間で学びを積み重ねる「マイクロラーニング（小分け学習）」を活用する
- 研修の前と後の学びを充実させる

研修を行う側の都合ではなく、**学習者にとって最も成果につながりやすい方法を模索し、コンテンツの中身や提供方法を工夫する**のです。

さらに、新たな学習コンテンツを作成するだけでなく、いつでも必要なときに過去のコンテンツを見られるようにする、現場で得られた知識やノウハウをコンテンツ化して共有するといった工夫も効果的です。また、学ぶ側が自発的に学びたくなるよう仕掛けや学習

を継続させるための工夫、さらには学び合いが生まれる環境づくりも大切です。

ステップ２：練習する（プラクティス）

「学ぶ」ステップはインプットがメインのコンテンツ学習です。学んだことを自分のものにして仕事で結果を出すには、その次の「練習する（プラクティス）」のステップでアウトプットを行いながら学んだことを身につけていきます。**練習は、「認知」「理解」「記憶」の「知っている」段階から、「業務適応」の「できる」段階へと進む最初のステップ**です。

ゲームにたとえると、戦闘力の低いモンスターを倒しながらレベルアップしていく段階です。練習を重ねることで、頭で理解するだけではなく、自然と体が反応できるようになります。その結果、普段の仕事に応用するための基礎ができるのです。

これまでの研修では、ロールプレイングなどが行われることもありましたが、練習に時間や労力をかけることなく、業務を通じて学んでいくのが主流でした。しかし、ＯＪＴは教える側・教わる側のいずれにも属人性があり、そこを意識して設計しなければ、標準化された練習環境を提供できません。

また、「現場で学べ」「失敗から学べ」といった適切な練習の段階を踏まない指導も問題です。十分な練習なしに現場に放り出されたら上達に時間がかかります。失敗はたしかに学びにもなりますが、失敗する前にまず練習を積んでおくべきです。とくに、顧客がいる営業職などでは、顧客を練習台にするような指導方法はすぐに改めるべきです。

パフォーマンス・ラーニングでは、あらかじめ研修のプログラムとして練習を盛り込みます。具体的には、ロールプレイングなどの課題提出や、テストやクイズを活用します。**現場に出る前に繰り返し練習することで、失敗やトラブルを恐れずに、「学んだ知識やスキルを体に覚え込ませる」ことに集中できます。**

なお、学ぶときと同じく、練習の段階でも「マイクロプラクティス」という短時間の練習が効果を発揮します。

ステップ3：評価・指導する（フィードバック&コーチング）

学び、練習して身につけた知識やノウハウは、そのままでは現場で生かせるとは限りません。他者からの評価や指導がなければ、間違って理解したまま現場に持ち込むことで、大きなミスにつながるおそれがあるからです。

学んだことを適切に習得し、成果につなげるためには、上司や先輩、同僚からの評価（フ

ィードバック）を行い、正しい行動へと導くように指導（コーチング）する必要があります。

しかし、マネージメントスキルには個人差があります。名プレイヤーが必ずしも名監督にはなれないように、できる上司が必ずしもできる部下を育てられるわけではありません。なかには「きちんと教えたのだから、できて当たり前」と考え、できないときには「自分で考えろ」「見て盗め」、さらには「なんとかしろ！」という精神論で指導する人もいます。しかしそれは、マネージメント側の怠慢ともいえるのではないでしょうか。

そのような指導が、部下の失敗を恐れる姿勢を助長してしまったり、仕事に対するマイナスの感情を強めて離職につながることもあります。

評価や指導をする人の力量によって個々人の成長に差が出てしまう状況は、会社の生産性を底上げするという観点から、好ましいものではありません。

さらに問題なのが、評価と指導をデータで残せず、研修のPDCA（計画・実行・評価・改善）のサイクルを回せないことです。指導者の経験に基づく指導と学習者の受け取り方、どちらも属人的な要素がベースになっているため、どのような学習が効果的であり、何をどう改善していけばよいのか、評価・指導の過程から見えてこないのです。

また、通常業務とマネージメントを兼ねているプレイングマネージャーも多く、評価や指導が必要だとわかっていても、適切にできていない、そもそも時間がないという現実も

パフォーマンス・ラーニングの4つのステップ

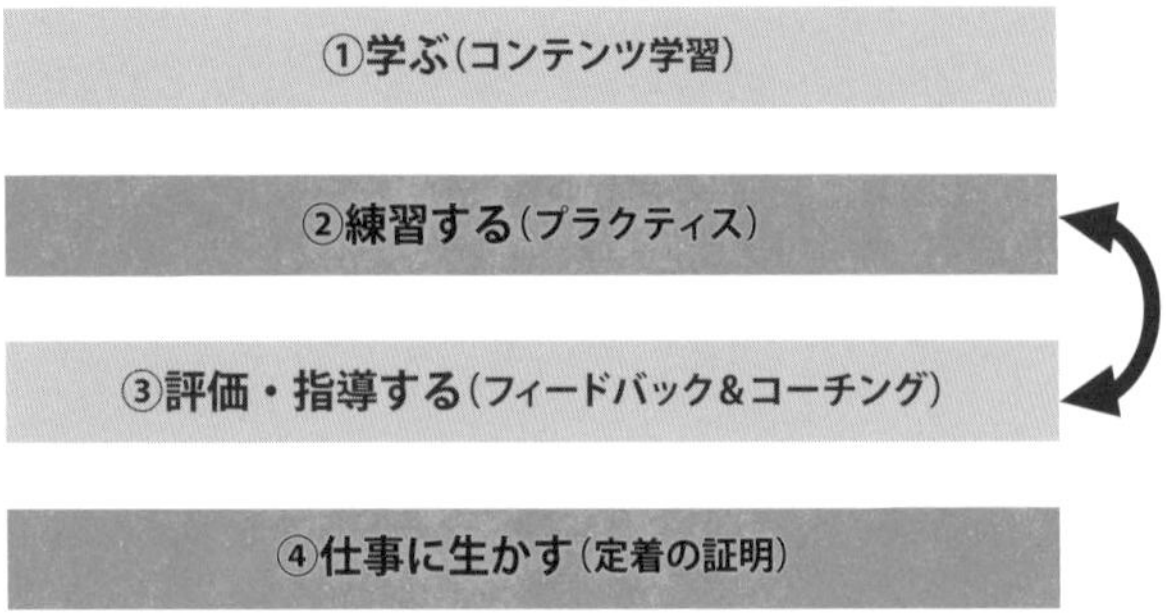

パフォーマンス・ラーニングでは、コンテンツ学習で学び、練習と評価・指導を繰り返して確実に身につけ、現場で定着させていく。

あります。

そこでパフォーマンス・ラーニングでは、それを解決するために、**振り返りと軌道修正を個々の従業員やマネージャーに任せず、仕組みとして提供**します。

テクノロジーを活用して、いつでもどこでも、空いた時間に評価と指導を行えるようにするのです。

UMUでは、さらに「AIコーチング」を使ってAIから評価・指導を受けてからマネージャーの評価・指導へとつなげることで、より効率的に行うことができます。

評価・指導を行ったらそれで終わりではなく、必要に応じてステップ2の練習の段階に戻ることを繰り返し、学んだことを確実に身につけていきます。

ステップ4：仕事に生かす（定着の証明）

4つ目の「仕事に生かす（定着の証明）」では、**学習、練習、評価・指導によって身につけてきた学びを、「知っている」から「できる」の段階に引き上げ、「仕事で使える」「成果が出る」ものにしていきます。**つまり、ここではじめて「現場で学ぶ」段階に入るわけです。

ここで重要なのは、**実際の仕事の中で学びを応用する**ということ。ステップ2の練習とステップ3の評価・指導は、現場での実践を意識したものではありますが、あくまでも用意された環境で行われるものです。必ずしも本番と同じではないため、実際の仕事を通して定着させることが大切です。その際には、後述する「ワークフロー」で学ぶことが欠かせません。

現場で実践してみて、足りないことや疑問、うまくいかなかったことがあれば、前のステップに立ち戻り、さらに学びを深めたり広めたりしながら学習や練習、評価・指導を繰り返していきます。

そのためには、ピンポイントで行われる研修だけでなく、「いつでも学び、練習し、評価・

指導を受けられる環境」をつくることが大切です。

4つのステップを確実に踏めるように研修を設計する

以上のような4つのステップを踏まえて、研修を設計していくのが、学びを成果につなげるパフォーマンス・ラーニングの基本です。

学ぶ、練習する、評価・指導する、仕事に生かす。このステップを踏まえてこそ成果につながるというのは、いわれてみれば当たり前のことのようでもあります。しかし、その当たり前のことが、これまでの研修ではほとんど実践できていなかったのです。

研修の成果を個々の従業員やマネージャー任せにせず、これらのステップを研修の一環として組み込み、確実に成果に結びつける後押しをする。それが、これからの人材育成のあり方です。

ステップ1　学ぶ
効果を最大化する学び方

このポイントを押さえれば学習の効果が高まります

学びの効果的な「組み合わせ」

ここからは、パフォーマンス・ラーニングにおける4つのステップの具体的な方法について説明していきます。

ひとつ目の「学ぶ（コンテンツ学習）」では、成果を出すための武器となる知識やスキルの習得を目指します。効果的に学ぶには、いくつかのコツがあります。

そのひとつ目が、**学び方を組み合わせる**ということです。

たとえば、これまでは一人ないしは数人の講師が講義を行うかたちの学びが主流でした。より多くの人に一度に教える講義は、教える側の効率がよく、コストパフォーマンスも上がるというメリットがありますが、学習効率は低いという問題があります。これは、オンラインでもオフラインでも同じです。そこで、オンラインやオフラインの研修だけでなく、eラーニングなどの自己学習を組み込むことで学習効果を高めます。

また、講義、テキスト、動画などの学習方法の組み合わせも重要です。人が説明したほうが伝わる内容は講義で、情報提供がメインの学びはテキスト、プレゼンや機械の操作方法など体を動かすものは動画が向いています。

これについては、109ページで詳しく解説します。

小分けで学ぶ「マイクロラーニング」

オンライン学習では、「マイクロラーニング」が効果を発揮します。マイクロラーニングとは、**テキストや動画などの学習コンテンツを小分けにして学ぶ**ものです。

マイクロラーニングのメリットは次の2つです。

- コンテンツ自体が短いため、興味や集中力の持続範囲内で効果的に学習できる
- 学習者が必要な学習を自分で選択し、いつでもどこでも自分のペースで学習できる

長時間学ぶよりも小分け学習が効果的

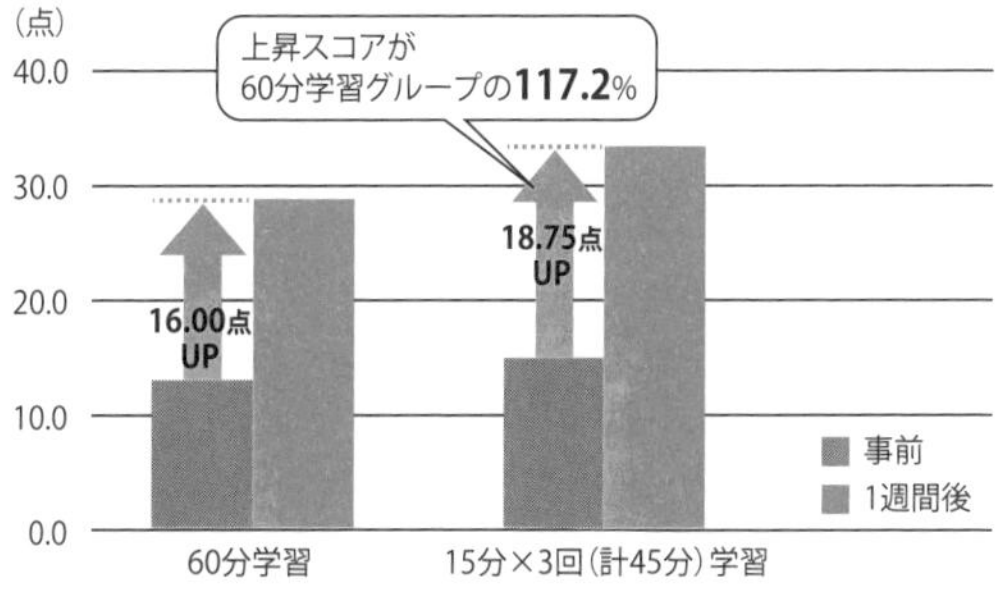

出典：ベネッセホールディングス

15分間の学習を3回行ったグループは、実験前に比べて実験後のスコアがより上昇し、長時間学習したグループに対し、上昇スコアが117.2%になった。

第2章でお話ししたように、オンラインでは学習者の集中力は4分しか続かないといわれています。そこで、学習者の理解力や集中力の限界を超えないよう、コンテンツを小分けにして学ぶことで、より確実に認知、理解、記憶させることができます。

また、コンテンツを短くするだけでなく、マイクロラーニングのコンテンツをパソコンやタブレット、スマートフォンなど、どのデバイスからもアクセスできるように設計すれば、通勤や移動の隙間時間を学習にあてることができます。

マイクロラーニングの学習効果は、学校教育の現場でも証明されています。たとえば東京大学薬学部の池谷裕二教授が中学生を対象に行った実験では、60分間学習を行った「長時間学習」グループよりも、15分間の学習を3回繰り返した「積み上げ型学習」グループの方が、学習の定着・集中力に効果があるとされています。

研修の前と後の学びを充実させる

研修を行う当日だけでなく、研修前後の学びにも意識を向けることが大切です。研修の数日前に簡単なテストを行って学習者の知識レベルを確認したり、アンケートを行って意識調査をします。また、研修のあとにも再度テストを行ったり、レポートや動画課題を提出してもらうことで知識やスキルの定着度合いを確認します。

研修前後の学びは、**「事前（基礎知識の学習）」「当日（集合研修）」「事後（定着のための学習）」**というのが基礎的な組み合わせです。**事前の学習は研修当日に学ぶことの予習の役割があります。**集合研修で教わる前に学ぶことから、これを「反転学習」とも呼びます。事前の学びにはそれ以外にも、「動機づけ」「主体的に学ぶ意識を持たせる」という効果もあります。**事後の学習には「学んだことを忘れずに身につけさせる」という役割があります。**ステップ2の練習以降の段階へとつなげる役割もあり、こうした工夫によって、学習効果を最大化させられるのです。

ステップ2　練習する
現場に出る前に実践する

現場で学ぶ前に まず、効果的な練習が必要です

テストやクイズでアウトプットさせる

次に、パフォーマンス・ラーニングの構成要素のうち、2つ目の「練習する（プラクティス）」について詳しく見ていきましょう。

この段階では、学習した内容を行動に落とし込めるよう、体得するための実践を行います。**学習と練習を繰り返していき、学びの定着をより深め、自然に動けるようにする**のが目的です。

このプラクティスの段階で行うのは、たとえば営業のトークスクリプトを繰り返すといったいわゆる「練習」だけではありません。「学ぶ」段階でインプットしたことをアウトプットさせるのもプラクティスのひとつです。

たとえば、学んだことに関するテストを行う、あるいは簡単なクイズを出題してそれに答えてアウトプットしながら、インプットした情報がどれだけ記憶に残っているかを確認します。

もちろん、テストで満点がとれたからといって、仕事に生かせるわけではありません。頭で理解したことは、必ずしも実行できるとは限らないからです。そのため、現場に出る前に繰り返し練習して着実に定着させていく必要があります。

マイクロプラクティスで「練習時間がない」を解決する

学習と反復練習の重要性については、あらためて説明するまでもありませんが、問題は**忙しい業務の合間に練習ができるかどうか**です。

ここでも「小分け学習」が役立ちます。

たとえば、プレゼン練習のために30分も1時間もかけるのではなく、研修で渡された営業のトークスクリプトを5分間練習し、別の機会に自分の言葉で5分間プレゼン練習をし、さらに別の日に先輩や上司に10分だけ時間をもらってロールプレイングを行うといったやり方もできます。

これが、「マイクロラーニング」ならぬ**「マイクロプラクティス」**です。

マイクロラーニングとマイクロプラクティスはセットで考える必要があります。小分けにした学びを経て、その内容を同じく小分けにして練習していくのです。マイクロプラクティスもマイクロラーニングと同じく、スマートフォンなどのデバイスを活用し、「いつでも、どこでも」実践できるようにするほうが効果的です。

プレゼンのロールプレイング動画を提出する課題を出すなど、練習の機会を研修の一部として組み込めば、人による練習量のばらつきをなくすこともできます。

そのような学習体系を整えてしまえば、「学び→練習→学び」という流れが自然と構築され、習慣化していきます。**集中力を維持したままできる効果的な学習と、無理のない反復を習慣化する。**これが、確実に成果に結びつける研修の土台となります。

ステップ3　評価・指導する
定着させながら正しく身につける

「自ら学べ」ではなく、フォローアップが大切です

学び、練習したことを軌道修正する

3つ目の「評価・指導する（フィードバック＆コーチング）」では、より学習効果を高めて実践につなげるべく、**上司をはじめとする他者からのフィードバックを受けて、学習・練習した内容を強化・修正していきます。**

学習と練習を経て、学んだことを頭ではなく体で覚えられるようになったら、あとは個々の従業員が実践を繰り返してコツをつかめばいいという考え方もあるかもしれません。しかし、**得られた知識やスキルを行動に移しつつ、最短距離で、着実に成果へとつなげていくためには軌道修正が必要です。**

その過程は、営業活動をイメージするとわかりやすいかと思います。営業活動において

は、研修で学んだこと（商品知識やプレゼンの手法）がそのまま役立つとは限りません。トークスクリプトは記憶できていても目線や表情、話す声の大きさに課題がある。商品知識は覚えられたが、一方的に話し過ぎて顧客のニーズを汲んだプレゼンができない。そういった足りない部分を外部の視点を取り入れて、ピンポイントで改善していくことが成果への近道となります。

コメント機能を使って上司や同僚からのフィードバックを得る

UMUでは、コーチや受講者同士のフィードバックを重視しています。相互にコメントや「いいね！」などのスタンプによる評価ができ、コメントを通して具体的な指導も提供できるようになっています。

このような仕組みは、UMUだけでなく、ビジネスチャットツールや社内SNSを活用して実装することもできます。ビジネスチャットツールで定期的に評価・指導を行い、かつ相互のコミュニケーションを深めていけば、オンラインでも、育成や生産性向上につながる環境を構築できるのです。

フィードバックを口頭ではなくコメントとしてデータに残せば、記録が残ります。さらにそれを上層部も閲覧できる状態にすれば、指導の様子をマネージャーの評価につなげることもできます。データに残すことにより、**設計した研修のデータ収集と活用、検証を行うPDCAが可能になり、標準化し、再現性を高めることができます。**

AIを活用して評価・指導を効率化

評価・指導は、「1 on 1」で行うのがベストですが、マネージャーの時間には限りがあり、部下全員に丁寧な指導をするのは現実的ではありません。かといって、マネージャーの時間が空いたときにまとめて指導を行うスタイルでは、「鉄を熱いうちに打つ」ような適切なタイミングで適切な指導を行うことができません。

そこで、UMUでは、**「AIコーチング」**というAIを活用した評価・指導の仕組みをつくりました。AIコーチングは、スマートフォンに向かって話すだけで、AIが話すスピードや表情など、どの点を修正すればいいのかを客観的に評価・指摘することで、自己練習の質を高めます。

隙間時間を活用するマイクロプラクティスに、AIコーチングを取り入れれば、「練習」と「評価・指導」を個人で行うことができます。マネージャーが行うフィードバックとコ

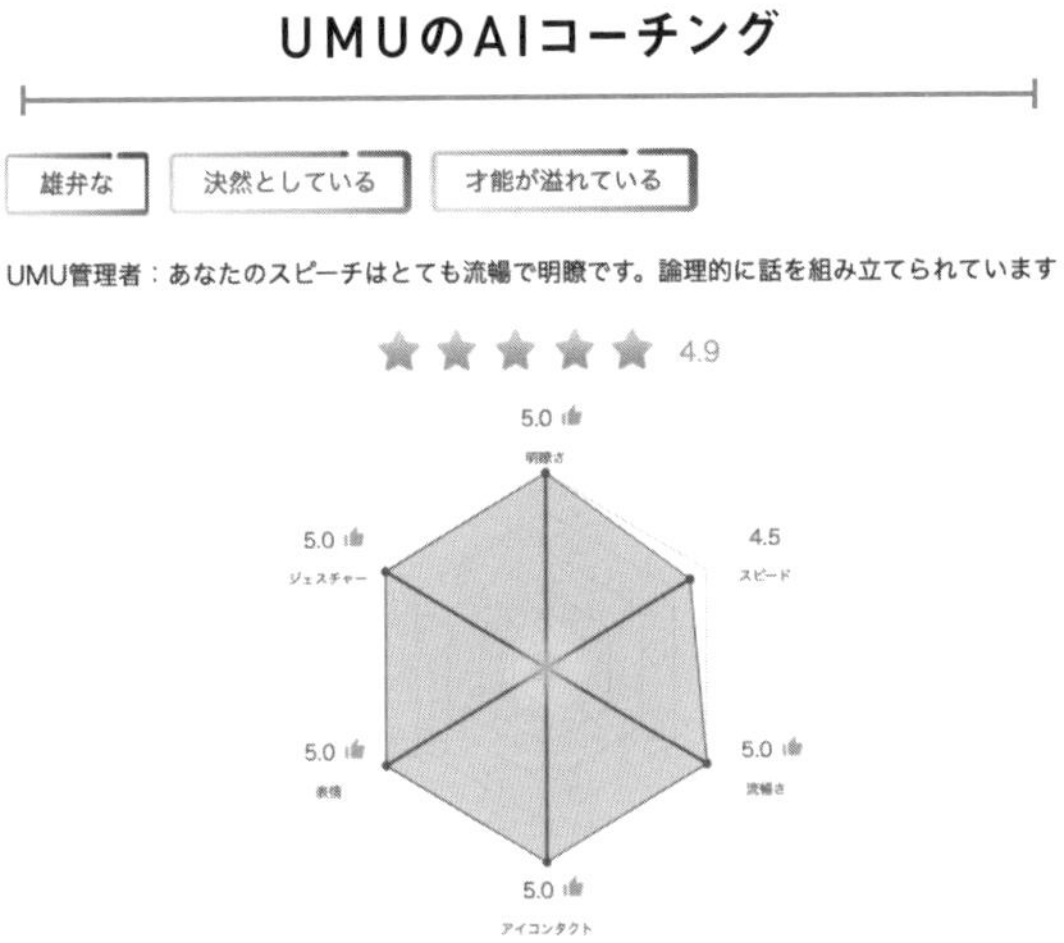

AIコーチングは「３つのカテゴリ」と話すスピードや明瞭さなど「6つの軸」で、学習者が提出した課題（アウトプット）を、リアルタイムで評価・採点する。

ーチングを、ＡＩが補完してくれるため効率的ですし、スキルを高めたうえでマネージャーからの評価・指導を受けることで効果も高まります。

テクノロジーを使って、高効率・低コストで、個人に合わせた学びを提供できる。まさに、学びのＤＸ化の具体策です。

そのほかにも、たとえば、ロールプレイング動画を社内で共有し、先輩や同僚のフィードバックを得てから、上司の指導を受けるといったやり方も効果的です。

個人練習と他者との相互練習を組み合わせ、互いにチェックしたり評価したりする仕組みづくりも有効でしょう。客観的に自らの定着状況を確認することは、効率的な定着を促し、改善行動へとつながります。

ステップ4　仕事に生かす
「現場での学び」で成果につなげる

実践を踏まえて、いつでも学べる仕組みをつくる

「知っている」から確実に「できる」へステップアップさせる

パフォーマンス・ラーニングの４つ目のステップは、「仕事に生かす」です。これまで見てきた「学ぶ」や「練習する」「評価・指導する」を、現場に落とし込む最終段階です。これができてはじめて、成果につながります。

学んだことの定着と仕事に生かすことは、似ているようで違いがあります。**学んだことを実践できても、それを「仕事で使える」「応用できる」ようになるとは限りません。教えられたことを自分なりに考え、現場で結果を出してはじめて「できる」ようになったといえるのです。**

学んだことを現場で実践したうえで、必要に応じて前のステップに戻りながら、ブラッ

シュアップを行う必要があります。そのためには、いつでも「学ぶ」「練習する」「評価・指導する」のステップに戻れるような学びの仕組みが必要です。

成果につなげるために「ワークフロー」を意識する

さらに、練習や評価・指導を経たあとの学習者に必要なのは、**「どのような流れで仕事が行われていくのか」という、成果に至るまでの、仕事に対する全体像の把握**です。大枠として、仕事の流れを俯瞰《ふかん》できなければ、知識や行動が正しい手順として落とし込まれていきません。

具体的なシーンで考えてみましょう。あるタブレット端末の製品開発担当者が、社内の営業担当者に対し、新製品発表会の場でプレゼンを行います。営業担当者にこの新製品をたくさんの人々に販売してもらうことが目的です。

そのとき、従来は次のようなプレゼンが行われていました。

「このタブレットについて皆さんに説明いたします。

このタブレットの特徴は、業界で最も薄くて軽いということです。またキーボード操作がしたいという方のために、背面にキーボードを用意しましたので、これをスライドすることでパソコンのような操作ができます。

今から皆さんに資料を配布しますので、詳しくはこちらをご覧ください。あとでデータでもチラシをお送りしますので、そちらを使ってお客様に情報を提供していただければと思います。

何かわからないことがあれば、私にご連絡をお願いいたします。それでは、よろしくお願いいたします」

このプレゼンは、「資料で情報提供」「何かあれば、ご連絡ください」という2段階のコミュニケーションで構成されています。

一方で、成果につなげることを目標として、各種ツールを活用したプレゼンはこうなります。

「このタブレットについて皆さんに説明いたします。

このタブレットの特徴は、業界で最も薄くて軽いということです。またキーボード操作がしたいという方のために、背面にキーボードを用意しましたので、これをスライドすることでパソコンのような操作ができます。

早速ですが、私が皆さんに動画で課題を出します。その課題の中で、私が先ほど皆さんにお伝えしたような製品の特徴を、皆さんの言葉で話し、それを動画に撮って、提出してください。

また、このタブレットの特徴に関するクイズもご用意しております。そのクイズに答えていただくことで、私が説明しきれなかった部分もカバーできるようになっています。

私は製品開発担当者として、皆さんのこのタブレットの販売を成功させる責任があります。よって、今回の課題だけではなく、毎週、皆さんをフォローするためのクイズや動画を配信いたします。また、毎週金曜日には2時間の枠をとってZoomを開放しておきますので、ご質問があれば、ZoomのURLをクリックして私と直接コミュニケーションをしていただければと思います。

皆さんの営業パフォーマンスを向上させるため、私が責任をもって対応させていただきます」

こちらのプレゼンは、「動画を使った練習課題」「クイズで知識を補足」「担当者が責任を持って継続的にフォロー」という流れになっているのがわかるかと思います。前者との違いは明らかです。

では、なぜこのような違いが生じているのでしょうか。ツールの活用だけがこのような違いを生んでいるのではありません。そこには、**「ワークフロー」**という概念が組み込まれています。後者の製品開発担当者は、営業マンが製品を販売できるようになるまでの流れをきちんと理解しています。そのうえで、各種ツールを効果的に用いながら、適切なプレゼンテーションとその後のフォロー体制まで、構築しているのです。**ワークフローを意識しているからこそ、プレゼンがより成果に直結するかたちで行われているのです。**

このようなワークフローを踏まえた学びの応用と、職場実践、継続的な学習、さらには現場で学んだことの振り返りとフィードバックが行われる環境こそ、生産性の向上につながる「仕事に生かされた」企業内学習のモデルとなります。

そして、そのような「学習環境」が社内の研修に組み込まれ、4つのステップを常に回していけるのが理想です。

第4章

パフォーマンス・ラーニング実践のコツ

成果につながる研修設計の7つの手順

研修そのものより研修前の準備が重要です

結果を出す研修を設計する流れ

第3章では、「学ぶ」「練習する」「評価・指導する」「仕事に生かす」というパフォーマンス・ラーニングの4つのステップについてお話ししました。

では、その4つを研修に取り入れさえすればパフォーマンス・ラーニングが実現できるかというと、そうではありません。4つのステップの効果を高めるには準備が必要です。

第4章では、研修前の準備段階から研修中、研修後まで、設計の仕方やコンテンツのつくり方など、パフォーマンス・ラーニングを実践するコツについて紹介していきます。

また、この章の後半で、それらのコツを取り入れた研修のモデルケースを3つ紹介していますので、ぜひそちらも参考にしてください。

まずはパフォーマンス・ラーニングを成功させるためのポイントとして、研修設計の手順とそれぞれの手順のポイントについて解説していきましょう。

パフォーマンス・ラーニングを成功させるためには、設計の際に次の7つのポイントを意識します。7つのポイントは、この順番で行うことが重要です。

1. どのパフォーマンスを向上させるかを決める
2. 研修の成果を測定する基準（目標）を定める
3. どのエリアの能力を高めるかを決める
4. 効果的な学習・練習・評価の設計
5. 評価・指導の機会を設ける
6. 職場での実践を研修の題材にする
7. 効果を測定し、共有する

第2章で、成果につなげる研修を行うには「研修の成否を評価する明確な目標」と「目標を達成するための学習効果の高い研修設計」が必要であるとお話ししました。

この7つの手順のうち、最初の2つが「研修の成否を評価する明確な目標」を定めるプロセスであり、残りの5つが「目標を達成するための学習効果の高い研修設計」を実現するものです。

パフォーマンス・ラーニングを実現する7つの手順

では、具体的にそれぞれの手順について、どういったことを意識して進めていけばよいか、ひとつずつ見ていきましょう。

▼ステップ1：どのパフォーマンスを向上させるかを決める

パフォーマンス・ラーニングを始めるにあたり、まずしなければならないのは、**パフォーマンスの定義**です。何を向上・改善させるかが定まっていなければ、具体的な目標を定めることはできません。「売上を上げる」「従業員のスキルを上げる」「離職率を下げる」など、改善したいパフォーマンスを具体的に定めます。

▼ステップ2：研修の成果を測定する基準（目標）を定める

旅をするときは目的地を決めてから経路を決めますが、研修設計も同じです。研修の目標を決めることではじめて、どのような研修を設計すればよいのかが見えてきます。

次のように、目標から逆算して具体的な研修設計へとつなげていきましょう。

❶目標を決める（数字で測れない定性的なものも含む）
❷目標達成につながる測定指標となるKPI（重要業績評価指標）を設定する
❸測定指標（KPI）につながる「マインド」や「行動（能力開発課題）」を言語化する
❹研修で高める能力（知識やスキル）を定め、研修を設計していく

まず、ステップ1で定めた改善すべきパフォーマンスをより具体的な目標にします。ただし、目標は「売上10％増」など数字であらわせるものだけでなく、「従業員のエンゲージメントを高める」など数字であらわせないものもあります。

次に、それをより具体的なKPIに落とし込んでいきます。営業研修を例にとると、「売上を増やす」という目標に対しては、「受注件数を増やす」「1件あたりの受注額を増やす」「新規の顧客を増やす」など、いくつかの方法が考えられます。

その中から、どの方法で売上を伸ばすのかを決め、「新規の大型案件の提案を四半期で20％増やす」など、より詳細にKPIを設定します。KPIの設定は、研修の効果を正し

目標から逆算した研修設計（営業研修の場合）

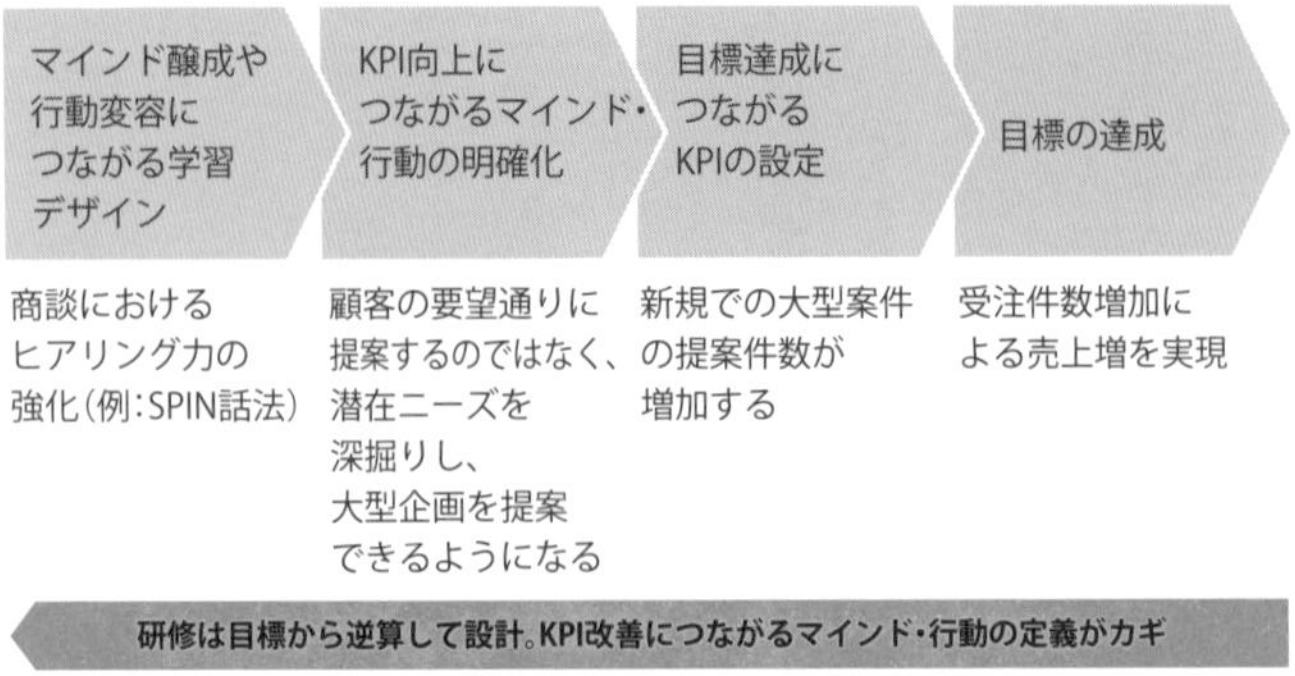
マインド醸成や
行動変容に
つながる学習
デザイン
KPI向上に
つながるマインド・
行動の明確化
目標達成に
つながる
KPIの設定
目標の達成
商談における
ヒアリング力の
強化（例：SPIN話法）
顧客の要望通りに
提案するのではなく、
潜在ニーズを
深掘りし、
大型企画を提案
できるようになる
新規での大型案件
の提案件数が
増加する
受注件数増加に
よる売上増を実現
研修は目標から逆算して設計。KPI改善につながるマインド・行動の定義がカギ

目標から逆算して、KPIを設定していくことで、どの能力（知識やスキル）を高めればよいかがわかる。

く評価するためにも重要です。

このとき、KPIとなる候補がいくつかあるときは、あれもこれも手を出さずに、ROI（投資対効果）がわかりやすいところから始めることをおすすめします。

たとえば、「顧客との信頼関係を深める」など数字であらわしにくいものよりは、「新規の顧客を増やす」など、かけた投資に対する成果が数字でわかるものから着手します。

続いて、KPIの達成につなげるために必要なマインドと行動を言語化し、それを実現するために必要な能力（知識やスキル）を洗い出し、実際の研修設計につなげていきます。

▼ステップ3：どのエリアの能力を高めるかを決める

ステップ2を踏まえて、どのエリアの能力を高めるのかを決めます。具体的には、研修で高める能力の種類として、**「知識」「ハンズオン」「ソフトスキル」「カルチャー・理念浸透」**の4つが挙げられます。

「知識」は、商品知識や業界の基礎知識、顧客情報などのインプットすべき情報を指します。「ハンズオン」は機械操作など直接手を動かすもので、手取り足取り行う実習で高められます。「ソフトスキル」は、コミュニケーション力や協調性、問題解決能力、リーダーシップなど、数字であらわせないスキルのことで、資格取得や試験の点数など数字であらわせる「ハードスキル」の対になるものです。最後の「カルチャー・理念浸透」は、会社のミッション（使命、存在意義）やビジョン（あるべき姿、展望）、バリュー（価値観）、営業マインドなどです。

なかでも、企業の生産性向上につながりやすいのは、「知識」と「ソフトスキル」です。どの能力を高めればよいかわからない場合は、この2つを意識するといいでしょう。

▼ステップ4：効果的な学習・練習・評価の設計

ここからは、「学ぶ」「練習する」「評価・指導する」「仕事に生かす」という、パフォーマンス・ラーニングの4つのステップを具体的に研修に落とし込んでいきます。

高めるべき能力が決まったら、それに合わせた学習コンテンツを選びます。コンテンツには、動画、音声スライド、図説、会議、試験などさまざまなものがあります。

コンテンツ選びの基準となるのが、**「学習」「練習」「評価」**という3つの段階です。たとえば、「ハンズオン」を高める場合、学習する段階では動画や図説で学び、練習する段階では実際に操作している様子を動画課題で提出する、学習と練習の成果を評価するために試験を行うなど、それぞれの段階に適切なコンテンツがあります。

このように**「知識」「ハンズオン」「ソフトスキル」「カルチャー・理念浸透」の4つの能力と「学習」「練習」「評価」の3つの段階を意識しながら、最適なコンテンツを選びます。**具体的なコンテンツの選び方は113ページから詳しく解説します。

▼ステップ5：評価・指導の機会を設ける

学習と練習だけで終わらず、得た能力にズレや間違いがないよう、必ず評価・指導を行う機会を研修の中に組み込みます。

たとえば、営業部員のプレゼン力を高める研修であれば、ロールプレイング動画を提出してもらい、それに対して上司が評価と指導を行います。社内のSNSに動画をアップしてコメントを残すか、あるいは定例のミーティングでよかった点や改善すべき点をフィードバックしてもいいでしょう。さらに、上司以外にも先輩や同僚から評価してもらうようにすると、学び合いの文化が生まれると同時に、マネージメントの効率も上がります。

UMUであれば、提出された動画に対してコメントやリアクションを残すことで手軽にフィードバックを行うことが可能です。また、AIが練習相手になってくれる「AIコーチング」（↓P90）は、評価・指導の効率を高める革新的な機能です。

▼ステップ6：職場での実践を研修の題材にする

次に「仕事に生かす」段階に入ります。第2章で紹介した「70：20：10の法則」からもわかるように、職場での実践を通した学びこそパフォーマンスを向上させる大きな役割を担っています。

ただ現場に出るだけでなく、それまでの準備段階が欠かせないことはこれまでお話しした通りですが、それらを踏まえた職場での実体験や経験こそ最高の教材になります。

ただし、現場での学びも「先輩の背中を見て学べ」「失敗から学べ」といった曖昧なものではなく、仕事を通して目指すべき目標とそのためになすべきことを具体的な**「アクションプランシート」**としてまとめ、都度、振り返りを行いながら経験値を高めていくことが大切です。

▼ステップ7：効果を測定し、共有する

パフォーマンス・ラーニングの4つのステップを設計したら、最後に研修の効果測定とその結果の共有も研修に組み込んでいきます。

研修から一定期間経ってから、目標から逆算した研修の効果測定の基準がどのくらい達成できているかを確認します。達成できていないとしたらどこに原因があったのかを探り、今後の改善点を洗い出します。

ただし、**効果を測定するには、短期ではなく中長期的な視点で計測していくことも大切です**。たとえば、新入社員のスキル習得や営業の提案・受注件数は、数か月で効果が出る場合もありますが、離職率の改善などは短期での評価が難しくなります。

学習の効果だけでなく、複合的な要因が絡んでいるものほど、慎重な見極めが必要です。少なくとも1年単位で計測し、研修以外のさまざまな要因も分析したうえで、研修がどう機能しているのかを見ていくことが求められます。

学習効果を高めるコース作成のポイント

ちょっとしたコツで、
学習効果が高まります

ポイントを押さえて学習コースを作成する

ここまでの流れを踏まえたうえで、パフォーマンス・ラーニングを成功に導くために欠かせないポイントについて見ていきます。

パフォーマンス・ラーニングを成功させる「7つの手順」に沿って研修設計を行いながら、個々の学習コースを作成する際も、より学習効果を高める工夫を取り入れていくことが大切です。

すでに第3章までにお話ししてきたポイントもありますが、いずれも成果につなげる研修を設計するためにとても重要な要素ばかりなので、ここでも改めて確認しておきましょう。

予習・復習の機会をつくる（事前・当日・事後）

第3章でも紹介しているように、研修設計の組み方としては**「事前・当日・事後」**というスタイルがひとつのモデルとなります。事前の自己学習で基礎知識の習得や動機づけを行い、研修当日は関与意識や参加意欲を高め、事後に定着を図る、という流れです。

このように、研修を単体で捉えるのではなく、複合的な学習設計のひとつとして捉えることで、学習効果をより高められます。わかりやすく言うと、**「予習」**と**「復習」**の機会をつくることで、知識の定着、モチベーションの向上、実践につなげていくのです。

ただ、企業内学習においては、予習・復習はこれまであまり重視されてきませんでした。しかし、学びの定着と実践に向けた行動、さらにはパフォーマンスを考慮するのであれば、大人でも当然、予習・復習は欠かせません。

さまざまな学びを「ブレンド」する

「事前・当日・事後」の組み合わせにもいえることですが、研修設計においては「学びのブレンド」が重要になります。これを、**「ブレンディッド・ラーニング」**といいます。

ほかにも**「一方向・双方向」「オンライン・オフライン」「自己学習・集合研修・現場実践」**、さらに**「インプット（学習）・アウトプット（練習）」**や動画、音声、画像、文書、ディスカッション、テストなど**各コンテンツの種類**もブレンドする要素になります。

パフォーマンス・ラーニングの研修設計をする際は、予め定めた目標を達成できるように、こうした多種多様な要素を複合的に盛り込みつつ、学習効果を高め、研修を最適化していくことが求められます。

継続させるための仕組みをつくる

学習は継続できなければ意味がありません。そのためには、学習者が主体的に学ぶことが大切です。しかし、人は「積極的に学びなさい」「コツコツ続けなさい」といわれるだけでは主体的にはなれません。

そこで、**学習者が自然と学びたくなる仕掛けや仕組みまでを、研修の中に組み込んでいくのです。**「言われてやる」ではなく「やりたいからやる」状態をつくることで、学習者のモチベーションを高めながら、最終的には、社内で自発的な学びが生まれる文化の醸成を目指します。

その際に活用したいのが**「LXD（Learner Experience Design）」**、つまり**「学習者体験」**を踏まえたうえで研修の流れを設計するという発想です。

具体的な方法はさまざまにありますが、着手しやすいのは次のような点です。

- モチベーションを下げない学習プラットフォームの設計（見た目の楽しさや使い勝手）
- モチベーションが高まり、「もっと学びたい」「学ぶことが楽しい」と思える仕組み（適切で迅速な評価・指導など）
- 継続的に学習してもらうための仕掛け（また学びたくなるコンテンツの作成・配信、日々の業務や年間予定に学習を組み込むなど）
- 「ゲーミフィケーション」を応用した学習意欲の醸成（ポイントやランキング、メダルなどのバッジ）

従業員が研修に対して受け身になっていると悩んでいたら、ぜひこういった工夫を研修に取り入れてみてください。

上司を巻き込み、職場の支援につなげる

研修内容の実践と定着、継続、そして成果へつなげるためには、職場の支援が不可欠です。そのためには、**現場の上司を巻き込みながら設計していく**ことも重要です。

部下が意欲を持って学ぼうとしていても、上司が研修に無関心であったり、職場での実践につなげる意欲がなかったり、ましてや「研修をしたところで無駄」というスタンスだと、パフォーマンス・ラーニングを実現させることが難しくなります。

学びを職場での実践につなげるためには、たとえば研修前の段階から、現場実践を踏まえた設計をし、上司の理解と協力を得たうえで学習コンテンツを構築していきます。部下が何を学んでいるかを上司に把握してもらうことで、研修中はもちろん、研修後にも学んだことが自然に職場での実践へとつながり、スムーズにパフォーマンスが生み出されていきます。

企業の中には、研修設計と現場が切り離されているケースも少なくないのですが、それでは、学習を成果に結びつけるのは難しいでしょう。**設計の段階から、実践および現場の巻き込みを考慮し、研修前・研修中・研修後に組み込んでいく**ことが大切です。

個人の学びやスキルをシェアする

研修の設計は、研修担当者のみで完結するものではありません。**新人研修や階層別研修をはじめとする「トップダウン型研修（やるべき研修）」に加え、現場の課題からテーマを設定した「ボトムアップ型研修（やりたい研修）」も提供していく必要があります。**

目指すのは、従業員がともに教え合い、学び合う文化の醸成です。各従業員が研修および現場で学んだことやスキルを共有できる場があり、コメントや更新が適宜行われていく仕組みがあれば、社内での学習はより自発的で積極的なものとなります。

UMUでは、そのような仕組みを**「ラーニングサークル」**と呼んでいます。ラーニングサークルでは、だれでも自由に参加・発信することができるなど、言わば「学びのオンラインコミュニティ」のような環境を構築しています。

また、これはのちほどお話しする「コンテンツはひとりでがんばってつくらない」という部分にもつながります。各従業員に自らの学びの成果や失敗をアップしてもらい、互いにフィードバックしつつ、その中から有益なものを選んでそのままコンテンツ化することも可能です。学び合いの文化ができていれば自然と学びがシェアされていくのです。

学びが深まるコンテンツのつくり方、集め方

どう学ばせるかがポイントです

さまざまなコンテンツから最適なものを組み合わせる

研修の大枠となるコースを設計したら、コースを構成するコンテンツを用意していきます。コンテンツというと、紙やパワーポイントの資料、動画などを使うことが多いかもしれませんが、実際にはコンテンツを配信するメディアの種類は多岐にわたります。

また、メディアだけでなくコンテンツの長さや取り上げる情報の性質もさまざまあり、効果的な研修を設計するためには、それらを適切に選ぶことが大切です。

コンテンツをつくるときのポイントはいろいろとありますが、おもに次の5つを意識すると学習効果が高まります。

- 「学習」「練習」「評価」の3つのコンテンツを用意する
- マイクロラーニングとマクロラーニングを使い分ける
- ストック型とフロー型のコンテンツを使い分ける
- デバイスの特性に合ったコンテンツを選ぶ
- コンテンツはあるものを使う、みんなでつくる

それぞれ、詳しく見ていきましょう。

「学習」「練習」「評価」の3つのコンテンツ

学習コンテンツには、「動画」「文章」「音声スライド」「ライブ配信」「ファイル」などに加えて、「練習」「課題」「試験」「アンケート」など、さまざまなものがあります。これらのうち、**どのコンテンツをどういう目的で活用するのか**を考えてコンテンツを作成していきます。

具体的には、**「学習（インプット）」**と**「練習（アウトプット）」**、そして**「評価」**の3つそれぞれの段階に合わせて、最適なコンテンツを選びます。

学習効果を高めるためには、詰め込み型のインプットをするだけでなく、得た知識を練習したり発表したりしてアウトプットすることが重要です。また、学んだことがどの程度スキルとして定着しているか評価していく必要があります。

これまでのeラーニングが「コンテンツ学習→テスト（知識を問う試験）」という流れであったとすれば、パフォーマンス・ラーニングでは「コンテンツ学習→動画練習（実践）→フィードバック（修正）→動画練習（改善）→フィードバック（向上）」といった流れに変わります。

同じメディアでも、「学習」「練習」「評価」の3つの段階や103ページでお話しした高めたい能力の種類によって使う目的が異なります。

たとえば、「ソフトスキル」にあたるプレゼンスキルを高める場合、「学習」の段階ではお手本となるプレゼンを動画で見てノウハウを学び、自分のプレゼンの動画を撮影して「練習」したうえで、動画を上司に見てもらい、「評価」を得ます。さらに、練習を重ねてスキルを高めてから再び動画を提出し、必要なポイントを定めて評価していけば、学んだことが定着しているかをチェックできます。

たとえばUMUでは、次のようなコンテンツを作成・配信することができます。

- 動画
- 音声スライド
- 文章
- ファイル
- 図説
- ウェブ会議システム
- 生放送

また、このようなコンテンツと組み合わせるかたちで、インタラクティブな（双方向性のある）ツールも用意されています。

双方向性のあるインタラクションツールには、次のようなものがあります。

- アンケート
- 質問
- ディスカッション
- 試験

目的別の効果的なコンテンツ例

	学習	練習	評価
知識	図説、音声スライド、動画	ランダム出題の試験	試験
ハンズオン（機器操作など）	動画、図説、会議	動画課題、試験	試験
ソフトスキル	動画、音声スライド、生放送	動画課題、AIフィードバック、キーワード、プロセスフィードバック	動画課題
カルチャー・理念浸透	図説、音声スライド、動画	文章練習、ディスカッション	音声試験

高める能力の種類と、「学習」「練習」「評価」のどの段階の研修を行うかによって効果的なコンテンツを選ぶ。

- 出席確認
- 画像共有
- 抽選
- ディスプレイモード（各セッションをディスプレイ専用の画面で共有）
- 課題（動画提出やファイル提出）
- AIコーチング&リアルタイムフィードバック

以上のようなコンテンツ、ツールをそれぞれの学びに応じて組み合わせながら、研修内容を最適化していくことが求められます。

「学習」「練習」「評価」の3つの段階と**「知識」「ハンズオン」「ソフトスキル」「カルチャー・経営浸透」の4つの能力**に合わせた効果的なコンテンツ例は次のページの通りです。

マイクロラーニングとマクロラーニング

第3章でお話ししたように、パフォーマンス・ラーニングでは小分けで学ぶ**「マイクロラーニング」**を取り入れています。

これまでの学習が大きく体系的に学ぶ**「マクロラーニング」**であったのに対し、マイクロラーニングは、学習者の集中力や定着、継続性を考慮して、コンテンツを1テーマに小さく分けて提供するというものでした。

学習者の習熟度で分けて考えると、幅広い過程でマイクロラーニングを活用できるのがわかります。新入社員など、その仕事に就いたばかりの人は、仕事の全体像や自社の製品・サービスについての情報、業界理解など体系的なマクロラーニングが有効です。さらに日々の学習でマイクロラーニングを積み重ねることで知識やスキルを高められます。

キャリアを積むと新入社員のときほど学ぶ機会は減りますが、ほかの人に教える機会が増え、また新たなマクロラーニングが必要になります。しかし、マクロラーニングだけでは定着を図るのが難しいため、それを補完するマイクロラーニングが必要になります。

マイクロラーニングのコンテンツを作成するときは、1トピック、1テーマで作成することがコツです。

ただし、コンテンツを小分けにするとコンテンツの数が増えるため、一定のルールを決めてわかりやすいタイトルをつけるなど、検索がしやすく、必要なコンテンツをすばやく見つけられるようにする工夫も必要です。そうすることで、学習者の負担を減らし、隙間時間での学習を促進しやすくします。

「ストック型」と「フロー型」2つのコンテンツ

マイクロラーニングとマクロラーニングはコンテンツの長さに違いがありましたが、コンテンツの性質によっても**「ストック型」**と**「フロー型」**の2つに分類できます。

ストック型のコンテンツとは、**知識を蓄積することで価値を持つコンテンツ**のことで、いわゆる**「知識型」**のコンテンツです。代表的なものとしては、コンプライアンス教育や会社の理念などが挙げられます。ストック型コンテンツの特徴は次のとおりです。

- 基礎的なスキル
- 知識のデータベース
- 体系的な学習コースとして構成しやすい

もうひとつは「フロー型」のコンテンツです。フロー型のコンテンツとは、**時間とともに価値が劣化するコンテンツ**のことで、言い換えると**「情報型」**のコンテンツです。ニュース性が強く、代表的なものとしては新製品やサービスの情報、最新の業界情報などがあります。フロー型コンテンツには次のような特徴があります。

- 日々の業務や行動に直結しやすい情報
- タイムライン形式で流し、即時に提供する情報
- 現場業務の中から双方向に交わされる情報

このように、知識中心のストック型コンテンツだけでなくフロー型コンテンツも学びの中に取り入れ、ブレンドしていくことが大切です。

デバイスの特性に合ったコンテンツを選ぶ

パフォーマンス・ラーニングのコンテンツは、日々の業務の中で学べるように、さまざまなデバイスで利用できたほうが効果的です。UMUの場合、スマートフォンからパソコン、タブレットまで、多種多様なデバイスに対応しています。**これらのデバイスの特性も考えて、コンテンツを選びます。**

隙間時間を活用して学習して欲しい内容であれば、通勤中やアポイント前のちょっとし

た時間にも閲覧できるスマートフォンが向いていますし、腰を据えて学ぶ場合や文章を書く課題がある場合にはパソコンで学習するほうがいいでしょう。

スマートフォンの小さな画面は文章を読ませるにはあまり適さないため、短い動画や画像、音声で学ぶのが適しています。一方、パソコンやタブレットで見るのなら、少し長めの文章を読むことも苦にはなりませんし、集中して試験を受けることもできます。

このように使用シーンを想定すると、無駄なく効果的なコンテンツを提供できます。

コンテンツはあるものを使う・みんなでつくる発想も必要

ここまで効果的なコンテンツづくりのコツをお伝えしてきましたが、「これらすべてを意識してコンテンツをつくるのは大変そう」と感じられた方が多いのではないでしょうか。実際、コンテンツの作成には一定の労力が必要になります。

そこで、コンテンツは「あるものを使う」「みんなでつくる」という発想を持つことも大切です。**ゼロベースでつくり込むのではなく、社内にすでにある情報や知識を集約し、活用できそうなものを各種コンテンツに落とし込んでいく**という考え方です。

たとえば、コンプライアンス教育や理念浸透・理念教育などのストック型のコンテンツは、すでに社内に資料が用意されているはずです。これらの情報は今後も大きく変わらないと予想されるため、既存の資料をそのまま使うか、プロのナレーターを入れるなどしてクオリティを上げるだけで新しいコンテンツができます。

また、営業現場などで活用されることが多いフロー型のコンテンツも、必ずしもつくり込む必要はありません。情報が変わりゆくなかで、コンテンツづくりに時間をかけて従業員に提供するのは効率的ではありません。たとえば、画面に向かって話すだけの短い動画を撮って配信するなど、手早く簡単な方法で作成します。

さらに、人材育成担当者だけがつくるのではなく、情報を持っている人を中心に「みんなでつくる」ようにすれば、スピーディかつ容易に情報を共有できます。

このように、コンテンツの性質に合わせてつくり方を判断するようにしましょう。

また、いたずらにコンテンツの数を増やしてしまい、今見たいコンテンツが見つからなくなるのも問題です。「週に1本」などとペースを固定して、作成と配信、共有、学習の頻度を一定に保つといった工夫も必要になります。

「リモートでも売れる」
営業を育てる

モデルケース1 セールストレーニング

営業のプレゼンスキルを上げる

ここからは、パフォーマンス・ラーニングの各要素を盛り込んだ、3つのモデルケースを紹介します。ここまでの内容を踏まえて、どのように研修設計に落とし込んでいくのかイメージしながらご覧ください。

企業の研修の内容や目的はさまざまありますので、これらのモデルケースがそのまま自社の研修に当てはまらないことも多いでしょう。まずは雛形として活用しながら、アレンジを加え、パフォーマンス・ラーニングを導入してみてください。

これらのモデルケースは、いずれもＵＭＵを活用することでスムーズに構築できるものばかりですが、ＵＭＵ以外の個別のツールを使い分けて組み立てることも可能です。

ひとつ目のモデルケースは、**「セールストレーニング」**です。おもに営業担当者の提案力を向上させるのが狙いですが、そのためにプレゼンテーションのスキルを向上させ、商品・サービスをいち早く売上へと変えていくことを目指します。

研修の概要は次の通りです。

■テーマ：商品・サービスのプレゼン力強化
■課　題：営業担当者のプレゼンスキルが共有されていない
　営業所ごとの教育の質にばらつきがあり、その影響が多数ある
　（例）若手の成長に差が出ることで、会社全体の生産性に影響
　　営業本部などが提供する教育がしっかり履行されていない
■目　的：営業担当者のプレゼン力の強化（商品・サービスをいち早く売上に変える）
　商談時の再現性を高め、属人的なＯＪＴからの脱却、受注のリードタイムを短縮
■評　価：研修前の受注までのリードタイムと研修後の受注までのリードタイムを比較
　全国の売上のばらつきがなくなるか

また昨今では、リモートワークを取り入れている企業も多く、先輩や同僚との対話が減り、営業トークを学ぶ機会や相談する機会が減っているのも問題です。

そのため、「見込み客は複数あるが、1社しか受注できていない」というとき、「商品の魅力を十分に伝えられていないのか」「提案のタイミングが悪いのか」といった課題が見えにくくなっているのです。

そのような状況を変えるべく、モデルケース1の研修では、**新商品が出たときに、再現性高く、またいち早く売上を上げる**ための研修内容を組み込んでいます。

7ステップで構成される営業研修の内容

それでは、127ページの表の内容に沿って、具体的な研修の内容を解説していきましょう。

この研修は、研修中の5つのステップと研修後の2つのステップに分かれます。オンラインの自己学習を中心に、動画課題の提出でアウトプットとフィードバックを行い、オンラインミーティングでの双方向のやりとりを組み込んでいる点がポイントです。

セールストレーニングのプログラム例（研修中）

	目的	学習活動
1	学習への モチベーション喚起	← アウトプット ・自社商品やサービスに対する意識・現状認識アンケート → インプット ・アンケート結果の共有 ・営業部長やリーダーなどからのメッセージ動画
2	学習活動① 学ぶ	→ インプット ・1トピック1テーマの短い動画などによる学習（マイクロラーニング） ← アウトプット ・顧客への訴求ポイントのクイズで知識定着を図る ← アウトプット ・自分の顧客を想定した訴求ポイントを投稿（他者の回答も閲覧可能）＝学習内容を自分ごとにする
3	学習活動② 練習する	← アウトプット ・プレゼン練習の様子を動画課題として提出 ※テーマ・トピックを区切る（3～5分程度で終えられる程度にする） → インプット ・提出動画に対してフィードバックを受ける
4	職場実践	← アウトプット ・実践後の気づきや顧客の反応などをアンケートで提出して振り返りを行う
5	ノウハウ共有	→ インプット ・実践後に収集されたアンケート結果の共有 ・オンラインミーティングで直接意見をヒアリング

▼ステップ1：学習へのモチベーション喚起

最初のステップは、学習に対するモチベーションを喚起させるべく、アウトプットとインプットの両面から学びを構成していきます。

まず自社商品やサービスに対する意識・現状認識のアンケートを行い、アウトプットします。内容は、「○○の商品は、顧客のどのような問題を解決しますか」「○○のサービスを利用すると顧客はどのような利益を得られますか」といったものです。

アンケート結果を受けて、インプットとして、アンケートの共有、さらには営業部長やリーダーなどからのメッセージ動画を配信します。

このようなモチベーション喚起には、「学習の意義を認識させる」「商品・サービスの理解度確認」「他者の考えを知り、商品・サービスに対する捉え方の幅を広げる」「上位層を巻き込む」といった狙いがあります。

▼ステップ2：学ぶ

次のステップは、「学習活動①」の「学ぶ」活動です。まずインプットでは、1トピック1テーマの短い動画などによるマイクロラーニングを提供します。具体的には「○○の商品が開発された背景」「競合他社の類似サービスとの優位性ポイント」「○○のサービスの3つの特徴」などがテーマです。

アウトプットでは、顧客への訴求ポイントを問題にしたクイズを出題します。たとえば「以下の3つのケースのうち○○のサービスの訴求力がもっとも発揮されるのはどれですか」「このケースの場合、どの特徴をアピールして提案しますか」などがあります。

また、自分の顧客を想定した訴求ポイントを投稿するのも効果的です。投稿によって学習を自分ごと化させ、他者の回答も閲覧できるようにしておけば、学びが深まります。

ここでのポイントは、「隙間時間での学習促進」「スマートフォンなどのモバイルデバイスでも学習できる」「顧客への提案シーンをイメージさせる」などが挙げられます。

▼ステップ3：練習・評価・指導

ステップ3では、「学習活動②」として「練習する」活動を組み込んでいます。まずアウトプットでは、プレゼン練習の様子を動画課題としてUMU上に提出してもらいます。あらかじめテーマ・トピックを区切り、3〜5分程度で終えられるようにするのがポイントです。またインプットとしては、その提出動画に対してフィードバックを受けます。

このステップでは、提出された動画をだれでも閲覧できる状態にすることで、「客観的に自分のプレゼン力を把握する」「自分の営業所の上司でない人からのフィードバックも得られる」「同僚の提出動画も見て、よいものを吸収する」などの効果が得られます。

加えて、UMUのAIコーチングを利用すれば、修正点を把握しながら自己練習ができ、より効率的に改善につなげられます。

▼ステップ4：職場実践

ステップ4は「実践」です。学んだことをアウトプットし、実践後の気づきや顧客の反応などをアンケートで共有。リフレクション（内省）していきます。

アンケートの内容としては、「〇〇のサービスを具体的にどのような顧客の課題を解決するために提案しましたか」「提案に対するお客様の反応について教えてください」「研修で学んだことはどれだけ実践できたと思いますか」といったものが考えられます。

学習設計の中に実践を盛り込むことで、「学習したことを意識して実践」するようにし、「次に生かすための振り返り」を行います。

▼ステップ5：ノウハウ共有

ステップ5では、「ノウハウ共有」を行います。おもにインプットが中心で、「実践後に収集されたアンケート結果の共有」や「オンラインミーティングで直接意見をヒアリング」

セールストレーニングのプログラム例（研修後）

	目的	学習活動
6	継続的な実践と気づきの共有	←アウトプット & →インプット ・グループチャットなどの社内SNSを利用して、日々の成功例・失敗例の共有や新しい学習コンテンツ情報を発信する「学びのコミュニティ」をつくる
7	ロープレ大会	・商品やサービスのプレゼン動画を提出してもらい、優秀者を決めるロープレ大会

などの活動が含まれます。

アンケートから拾いきれない営業担当者の生の声を会社全体で共有することによって、現場で得られた気づきを組織の学びへと変えていきます。

▼ステップ６：継続した実践と気づきの共有

ステップ６と７は、主に研修後の取り組みです。まずは「継続的な実践と気づきの共有」として、ＵＭＵのラーニングサークルや、グループチャットなどの社内ＳＮＳ機能を利用し、日々のアウトプットとインプットの場を提供します。

学びのコミュニティの場をつくり、成功・失敗事例を投稿、追加の学習コンテンツ情報を発信します。なお、コミュニティ活性化のためには、事例を共有した社員にリワードを送るなどの工夫が必要です。

このような取り組みによって、プレゼン力を継続的に伸ばすことを意識させ、学びの習慣を醸成したり組織のノウハウを蓄積したりすることができます。そうして、学びの文化が根づいた「学習する組織」への発展を目指します。

▼ステップ7：ロープレ大会

また、研修後に「ロープレ大会」を実施するのも効果的です。ロープレ大会では、参加者に商品・サービスのプレゼン動画をＵＭＵ上に提出してもらい、よいと思ったプレゼンに「いいね！」を押して、とくに評価が高い人を優秀者とします。これまでリアルの場で行われてきたコンテストを、オンライン上で実現するのです。

その結果、「プレゼン力向上への意識を高める」「他者から学ぶ」「優秀者の動画を教育教材として活用できる」などの効果が期待できます。

以上のような流れを経て、研修後3か月または半年など期間を決めて、冒頭で述べた「過去のリードタイムと研修後のリードタイム」や「全国の売上のばらつき」を評価していきます。とくに新しい商品やサービスが出たタイミングで比較すると、研修の効果が見極めやすくなります。

モデルケース2
新入社員研修

今後の新人の成長に関わる重要な研修設計

新入社員をいち早く現場に出すための研修

2つ目のモデルケースでは、**「新入社員研修」**の設計を扱います。とくにここで重視するのは、**成果につながる新入社員研修**であることです。そのため、研修そのものだけでなく、研修後のフォローも含めて内容を設計しています。

- テーマ：成果につながる新入社員研修
- 課　題：短期間かつ、詰め込み型となってしまっている
  研修がイベント的になり、配属後、学びの振り返りがなされていない
  研修内容を復習するeラーニングなどがない

■目　的：学んだことを現場で実践し長期的に定着させる
　　　　いつでも振り返られる環境整備
■評　価：知識やスキルの定着率（テスト結果）、アウトプットの質と量、
　　　　現場に出る早さ（期間）、仕事の土台ができているか

これまでの新入社員研修が、短期間の詰め込み型で、かつイベント的になっていたことが成果につながらない要因となっています。

研修がイベント的になっていると、研修を終えたあと、学びの振り返りや学んだことに対するフォローがおろそかになるおそれがあります。研修内容を復習するためのeラーニングなどのシステムが導入されていない場合はなおさらです。

本来であれば、新入社員研修で学んだことをテストして知識やスキルの定着率を測り、配属先でも継続的に学べる仕組みを構築しなければなりません。

研修内容の評価としては、知識やスキルの定着率（テスト結果）、アウトプットの質と量、現場に出る早さ（期間）、仕事の土台ができているか、などから判断します。定量的な情報に加え、定性的な評価も行うのがポイントです。

「事前・当日・事後」を応用した新入社員研修の中身

モデルケース2では、「研修前」「集合研修」「研修後」のそれぞれにおいて、学びの定着と実践につながる設計を行っています。まさに109ページで紹介したブレンディッド・ラーニングの基本モデルとなる「事前・当日・事後」のかたちです。

136と139ページの表のように、ステップ1〜3はそれぞれ新入社員研修の事前・当日・事後の取り組みであり、ステップ4と5には研修後の振り返りや現場実践の支援が組み込まれています。

▼ステップ1：研修前の学習（オンライン学習）

ステップ1は「研修前の学習（オンライン学習）」です。

インプットする課題として、動画を活用して新入社員研修の全体像とその目的を理解していきます。

アウトプットとしては、学生と社会人の違いについて投稿してもらいつつ、ビジネスマナーに関する理解度チェックのクイズ、さらには「なぜ、ビジネスマナーは必要か」とい

新入社員研修のプログラム例（研修中）

	目的	学習活動
1	研修前 （オンライン学習）	→ インプット ・導入教育の全体像理解（動画） ・学生と社会人の違いは何か（動画） ← アウトプット ・学生と社会人の違いは何か（投稿） ・ビジネスマナー理解度チェック（クイズ） ・ビジネスマナーはなぜ必要か（投稿）
2	集合研修 （オンライン研修）	→ インプット ・ビジネスマナーなどの教材動画で個別にオンライン学習 例）仕事の基本、ビジネスマナー、コミュニケーション ← アウトプット ・ウェブ会議ツールを利用した対面研修 例）ロープレ（電話対応）、メールの書き方、グループワーク、発表 ・行動宣言（動画課題） ※全体講義スタイルと自習スタイルを組み合わせる。
3	研修後・配属後 （オンライン研修）	← アウトプット 現場でのアクションプランを作成し、システム上へアップロードする（人事部や配属先メンター、上司も閲覧可） ← アウトプット ・現場での定期的な理解度クイズ ・ロールプレイングの様子を動画課題として提出 ← アウトプット ・毎週の振り返りを共有（投稿） ・研修後1か月間は毎週金曜日に振り返りのウェブ会議で対話

う内容についても投稿をしてもらいます。

それにより、現状の理解度の確認と学習（集合研修）の意味づけを行っていきます。

▼ステップ2：集合研修（オンライン研修）

ステップ2は「集合研修（オンライン研修）」です。

こちらもインプットとアウトプットで構成されており、インプットとしては、ビジネスマナーなどの教材動画を見て、個別にオンラインで自己学習をしてもらいます。

アウトプットとしては、まず、ウェブ会議ツールを利用した対面研修を行います。コンテンツとしては、「ロープレ（電話対応）」「メールの書き方」「グループワーク」「発表」などがあります。またこの段階で、動画課題として、研修を通して学んだことを配属後の現場でどのように実践するかを自分の言葉で宣言する「行動宣言」を実施します。

対面研修が講義スタイルであったのに対し、動画課題は自習スタイルです。このように、講義スタイルと自習スタイルを組み合わせるのがポイントです。

一方的なオンライン研修では、集中力に限界があります。そこで、自己学習時間を設けたり、課題を与えたりして、セルフマネジメントを意識した学習を設計します。また、グループワークでの対話と自己学習での内省を通して定着度を高め、全体の講義と行動宣言は動画で録画して、あとで振り返りができるようにします。

▼ステップ3：研修後・配属後の学習（オンライン研修）

ステップ3は「研修後・配属後の学習（オンライン研修）」です。ここではアウトプットが中心となります。まず、現場でのアクションプランを作成し、システム上へアップロードします。人事部や配属先のメンター、上司なども閲覧できるようにし、フィードバックを受けられるようにします。

また、現場での定期的な理解度クイズを行い、ロールプレイング動画を課題として提出してもらうことで、学習した内容の振り返りと実践を行います。さらに、毎週の振り返りを投稿して共有します。とくに研修後1か月は、毎週金曜日に振り返りのウェブ会議で対話を行います。

このようなアウトプットと確認によって、理解度や定着状況を網羅的かつ定期的に確認し、対話を通して内省する習慣をつくります。

▼ステップ4：振り返りができる環境提供

ステップ4と5は、おもに新入社員研修プログラムが終了したあとの活動です。

新入社員研修のプログラム例(研修後)

	目的	学習活動
4	振り返りができる環境提供	**学習環境の整備** ・新入社員研修時のeラーニングやオンライン研修の録画をいつでも視聴できるようにする
5	現場実践の支援	**学びのコミュニティ** ・新入社員と人事部(新入社員研修で関わった人)とのオンライン上でのコミュニティによる相互支援 例)社内ルールや新人研修で学んでいないトピックの確認や配属先での学びの共有を、社内SNS上での投稿やウェブ会議による対話会で行う

まずは、振り返りができる環境を提供するために「学習環境の整備」を行います。

たとえば、新入社員研修時のｅラーニングやオンライン研修を録画した動画をいつでも視聴できるようにするなどの工夫が挙げられます。

学習環境の整備によって、新入社員が苦手分野をすぐに振り返られるようにし、長期的な定着を支援します。

また上司は、部下の指導において、部下の課題に応じてこれらのコンテンツをレコメンドできるようにします。

さらに、ＵＭＵならば学習データからコンテンツの活用度合い、配属先ごとの学習量が可視化され、施策検討や配属先の上司の指導に生かすことも可能です。

▼ステップ5：現場実践の支援

次に、現場実践の支援として、「学びのコミュニティ」を活用します。具体的には、新入社員と人事部（新入社員研修の担当者）とでコミュニティを形成し、オンライン上で相互支援を行います。UMUの場合は「ラーニングサークル」を活用します。

その中身は、「社内SNS上での学びの共有」「社内ルールや新人研修で学んでないトピックの確認」「配属先での学びの共有」「社内SNS上での投稿」「ウェブ会議による対話会」などです。

学びのコミュニティを活用することの効果として、「継続的なつながりをもたせ、新人の課題や悩みをコミュニティ内で解決できる」「解決されたプロセスが組織の経験値としてデジタルに蓄積される」「来年度の新入社員研修の施策検討、学習環境のコンテンツ追加施策の検討情報になる」などが期待されます。

以上のような研修を経て、知識やスキルの定着率（テスト結果）、アウトプットの質と量、現場に出る早さ（期間）、仕事の土台ができているかなど、幅広い観点で効果測定を行い、改善と実践を繰り返していきます。

モデルケース３ マネージャー研修

マネージャーを育てて、
組織の底上げをする

マネージャーの部下との面談・対話スキルを向上させる

モデルケースの３つ目は、**「マネージャー研修」**です。ここでは、**マネージャーの面談・対話スキル向上にフォーカスを当てた学習設計**を取り扱います。

ただし、マネージャー自身のパフォーマンスではなく、部下の行動変容などが研修効果の指標として捉えられるため、セールストレーニングや新入社員研修に比べ、効果測定の指標設定は難しさがあります。

また、マネージャー研修では、行動変容を促すうえで、講師や上司だけでなく、受講者同士や職場の同僚からのフィードバックをもらうPeer to Peer（Ｐ２Ｐ：仲間同士）の関係性による学びも有効です。

具体的な研修設計は、マネージャーの面談・対話スキルを向上させるべく、「研修前」「研修中」「研修後」で構成し、それぞれのステップで必要な学びを提供していきます。

モデルケース3のポイントは次の通りです。

テーマ：学びを実践させ、マネージャーの面談・対話スキルを向上

課　題：マネージャー研修を受けたが、なかなか面談・対話スキルが向上しない

学んだことを面談時に意識できていない

実践を通して出てくる悩みをフォローアップする場がない

ほかのマネージャーの面談の仕方を知る機会がない

目　的：マネージャーの面談・対話スキルの向上

部下の本音を引き出す、部下のモチベーションアップ、部下の行動変容を支援

評　価：部下のモチベーションがアップしたか、

部下のマインド・行動・成果に変化があったか

モデルケース3の研修では、学びを実践に導くことを軸に環境整備も行い、マネージャーの面談・対話スキルを向上させていきます。目指すのは、「部下の本音を引き出す」「部

下のモチベーションを高める」「部下の行動変容を支援する」の3つです。

マネージャーの面談・対話スキルを高める研修内容

研修のステップは3つあり、研修本体と研修前後に分かれています。それぞれ、「目的」と「学習活動」、そしてその狙いについて見ていきましょう。

▼研修前

事前の学習では、部下との面談・対話の実施状況や進め方を確認するべく、アンケート調査を行います。それにより、現状認識を深め、スキル獲得の意義を理解してもらいます。具体的な項目としては「営業成績の伸び悩み」「トーク内容のマンネリ化」などが挙げられます。

▼研修中

その結果を受けて、実際の研修では、ケーススタディ動画を視聴し、よい点と悪い点を考えて投稿してもらいます。また、講義とワークでは、マネージメントのメソッドや話し

マネージャー研修のプログラム例

	目的	学習活動
1	研修前	**事前** ・部下との面談・対話の実施状況や進め方確認（アンケート）
2	研修中	**研修** ・ケーススタディ動画を視聴し、よい点、悪い点を考え投稿（投稿） ・講義、ワーク（マネージメントのメソッド、話し方、コーチングなど） ・ロールプレイング ・行動宣言を発表
3	研修後	**← アウトプット** ・部下面談の練習（動画・AIコーチング） 例）面談前に、面談導入トークの練習 **← アウトプット** ・毎週の振り返りを共有 ・面談ケース時における悩みの共有 例）行動宣言に対する個人の振り返り、実践時の悩みを学習者コミュニティへ投稿 ・対話・面談ポイント理解度確認（クイズ） 例）「○○のようなケースの場合、いずれのスタンスで面談するのが適切ですか」 ・定期的なオンライン対話会 例）学習者と講師を交えて、具体的な事例共有や悩み解消の場をつくり、互いにフォローし合う

方、コーチングなど、必要なスキルを養います。

さらに、ロールプレイングや行動宣言の発表など、学んだことを実際に生かすための工夫も大切です。ロールプレイングによって面談のポイントを理解し、自身が練習すべき部分を確認しつつ、学習者同士のつながりもつくっていきます。また、これまでの部下との対話の仕方を内省したうえで、今後、どのようなことを意識して面談に臨むのかを宣言すると、研修後もその宣言に立ち戻って振り返ることができます。

▼研修後

研修後は、さまざまな方法でアウトプットを重ねていきます。

ひとつ目は「部下面談の練習」です。動画やUMUのAIコーチングを活用し、たとえば面談する前に面談導入トークを練習します。面談前に練習することで、学習内容を思い返してから本番に臨めます。

2つ目は「振り返り」と「面談ケース時における悩みの共有」です。毎週の振り返りを共有し内省の習慣を身につけます。また、面談における悩みの共有では、課題解決に向けた具体的な学びを相互に深めていきます。

3つ目は「対面・面談ポイント理解度確認（クイズ）」です。たとえば「〇〇のようなケースの場合、いずれのスタンスで面談するのが適切ですか」などのクイズを出し、それに答えてもらうことで、学習のポイントを思い返せるようにします。

4つ目は「オンライン対話会」です。学習者と講師を交えて、定期的なオンライン対話会を開催することにより、具体的な事例を共有し、悩みを解消します。互いにフォローし合える関係性の構築と、ほかのマネージャーの実践状況を知ることで、ほどよいピアプレッシャー（同調圧力）を得られるようにするのがポイントです。

以上がマネージャー研修のモデルケースです。研修の評価や効果測定は難しいのですが、「部下の本音を引き出せているか」「部下のモチベーションを高められているか」「部下の行動変容を支援できているか」などの指標を設定し、研修前後で確認しながら、スキル向上を目指していきましょう。

UMUプラットフォームへようこそ！

本書での学びのパフォーマンス向上を促す、UMUプラットフォームの簡単利用ガイドページです。パフォーマンス・ラーニングの理論の理解、効果的な実践方法の参考にお役立てください。

第5章

オンラインだからこそ効果が上がる新人社員研修

オンラインのメリットを活用した研修設計

直接会えなくても効果的な新入社員研修は可能です

コロナ禍で大きな差が出た新入社員研修

第5章からは、UMUを活用している企業を例として、パフォーマンス向上を意識した研修設計の実例を紹介していきます。効果を高める研修設計のノウハウはもちろん、「組織の学び」の改革に取り組んだ人材育成部門の想いやビジョンを吸収し、ぜひ皆さんの社内研修改革にお役立てください。

社内研修のうち、最も実施率が高いのが新入社員研修です。2年目、3年目、そしてその後の社員の成長を実現するため、そして会社に対するエンゲージメントを高めるためにも新入社員研修は重要です。

2020年春は新型コロナウイルスの感染拡大により多くの新入社員が自宅待機となり、突如、これまでと同じ対面での新入社員研修が実施できなくなりました。企業は急な対応を迫られ、大量の資料を新入社員の自宅に送りつけるだけ、あるいはeラーニングを受講させるだけで満足な研修ができなかった企業が大半でした。

その一方で、早くから研修のオンライン化に踏み切っていた企業、あるいは急遽、新入社員研修のオンライン化を決め、時間のない中でも諦めずに効果的な研修設計をした企業があります。

それらの企業の多くでは、コロナ禍でも充実した研修を提供したことに対し、新入社員から感謝の声があがり、研修の成果にも手応えを感じています。

顔を合わせずに効果的な研修ができるのか、疑問に思う方もいるかもしれません。しかし、**オンラインでも、いやオンラインだからこそ、効果的な研修を行うことが可能です。**

その中でも突出して高い成果が出たのが、組織開発や人材育成を支援している企業、ビジネスコンサルタントの新入社員研修です。

SNSやYouTubeなどの動画視聴を好み、スマートフォンの使用時間が長いデジタルネイティブ世代に合った効果的な研修設計をしたことが成果に結びつきました。

case1

ビジネスコンサルタント

ＵＭＵの学習活動で三冠を獲った地方営業所の新入社員が３か月で１０００万円の契約を達成！

企業概要　組織開発や教育研修支援などを展開。約２００名の営業部員が在籍し、国内24拠点にて年間３３００以上の組織をサポート。２０１８年から段階的にＵＭＵを導入し、新人研修や営業研修、クライアントの研修における補助的利用やコンテンツ提供などに活用している。

▼情報収集の仕方を抜本的に変えた

ビジネスコンサルタントでは、新入社員研修にＵＭＵを活用し、**「新人営業部員が３か月で１０００万円の契約を達成」「新入社員の提案額が４倍に増加」**など、まさに「学習を成果につなげる」パフォーマンス・ラーニングが実践されています。

ビジネスコンサルタントの担当者が、初めてＵＭＵを知った当時は、社内研修に活用するというより、ＵＭＵに情報を一元化すれば社内の情報共有がスムーズになるかもしれない、というイメージを持ったそうです。

商談で成果を出すには、クライアントの業界における課題や動向などの情報収集が欠かせません。最も鮮度のある情報は、全国に約200名いる営業部員がクライアントとの商談などの現場で仕入れてきます。同僚や先輩にヒアリングをするなど熱心に情報収集する人ほど高い成績を収めており、そのばらつきをなくすという目的がありました。

当時、「メール」「電話」「勉強会」の3つが情報共有の中心になっており、その効率化も求められていました。

たとえばメールを使った情報共有は、営業のチームリーダーが社内に蓄積されたノウハウを一日に1本のペースで配信していました。しかし、メールはタイムリーな情報を発信できる一方、あとから見返して体系的に学ぶのが難しいという課題があります。メールの内容を整理して冊子にまとめることも考えましたが、営業部員に持ち歩いてもらうのは現実的ではなく、冊子にすると情報の鮮度を保つこともできません。

また、当時は、新入社員に対して、「ひとつの情報を得るために、電話で3人からヒアリングしなさい」と指導していました。ただ、日中の忙しい時間帯は先輩社員の対応が難しく、新入社員は早朝や昼休み、夜遅くに電話での情報収集をするのが日常的になっていました。勉強会も少なからず業務時間を圧迫することから、頻繁に行うことはできません。

「働き方改革」で業務効率化が叫ばれるなか、この情報共有の仕組みを抜本的に変える必要に迫られ、UMUの導入に踏み切りました。

長年、クライアントの人材育成を支援してきたことから、**「学習が成果に直結する」「人が育たなければ成果を生み出せない」**という共通認識が社内にあり、UMUによる情報共有の効果がイメージしやすかったことがスムーズな導入につながりました。また、スマートフォンが全営業部員に支給され、学習環境ができていた点も導入を後押ししたと考えられます。

▼「早期戦力化」のため新入社員研修にUMUを導入

さらに、2019年5月の新人配属のタイミングに合わせて新入社員の教育にUMUを導入。新入社員全員のアカウントを作成し、**各自が得た情報を日報としてアップしてもらいながら、振り返りや共有に活用**しました。

その背景には、新入社員教育に関する危機感がありました。配属された営業所によって教育にばらつきがあり、上司が積極的にコミットしながら日々学べる人もいれば、営業所で黙々と電話営業をして一日が終わる人もいたのです。そのような教育体制では、早期に戦力化できず、新人のモチベーションの低下も危惧されていました。

1年目の教育が2年目以降の社員の成長も左右することから、新入社員研修は疎《おろそ》かにできません。そこで、2019年度には、**すべての新入社員が土台となる基本を学べるようにするため、UMUを活用して、インサイドセールス部門による集中的な指導が実施されました。**

電話営業に必要な業界知識や課題などをコンテンツ化し、UMU上で公開したうえで、全国に30名ほどいた新入社員をZoomでつないで、SV（スーパーバイジング）のようなかたちで直接的な教育を行ったのです。

さらにその後は、現場のフィールドセールスを行う上司や先輩も巻き込んだ教育体制を構築。顧客の業界ごとの営業活動のコツがわかる動画や、電話営業のトークスクリプト、さらには商談のロールプレイング動画など、徐々にコンテンツを拡充しながら研修コースを整備してきました。また、**新人の「練習」の機会を設けるため、自ら考えたトークスクリプトをアップしてもらう課題なども盛り込みました。**

さらに、インサイドセールスの指導担当者と現場のチームリーダーが週ごとに交互に新入社員との1on1ミーティングを行って評価・指導を行い、縦糸と横糸を編むように強固な教育を行いました。

その過程で、**各新入社員の成長過程がわかる「個人カルテ」を作成して指導にあたる全員が閲覧できるようにしました。**こうして営業所ごと、新人ごとの学習の偏りをなくしながら学びの土台を醸成していったのです。

このような学習環境の創意工夫は、**「成果につなげるための個別学習の提供」**というUMUの理念にも結びつきます。

▼地方営業所の新人が3か月で1000万円の契約をとり1位に

2019年度のUMUを活用した新入社員研修で驚くべき成果を上げたのが、青森営業所に配属されたHさんです。**研修開始3か月の8月末時点で3件、合計1000万円以上の契約を達成したのです。**しかも、2位に10倍以上という大きな差をつけた圧倒的な結果です。

青森営業所は当時4名で活動しており、営業部員が数十名いる東京や大阪など大都市圏の営業所と比べて、相談できる先輩の数や入ってくる情報量に

UMUの学習活動でも三冠を達成

	学習ポイント数			完了セッション数			「いいね!」数		
順位	氏名	所属	ポイント	氏名	所属	数	氏名	所属	数
1位	Hさん	青森	13204	Hさん	青森	332	Hさん	青森	924
2位	○○ ○○	盛岡	10049	○○ ○○	長野	240	○○ ○○	名古屋	792
3位	□□ □□	RMS	9402	□□ □□	金沢	235	□□ □□	九州	736
・	・	・	・	・	・	・	・	・	・
最下位	●● ●●	──	2467	●● ●●	──	49	●● ●●	──	64
差	トップと最下位の差		5.3倍	トップと最下位の差		6.7倍	トップと最下位の差		14.4倍

※RMSはRelationship Management Sales部門の略称

学習活動においても、他の新入社員と比べて大きな差をつけており、学習（ラーニング）と業績（パフォーマンス）が相関していることがわかった。

差があります。しかし、**UMUをはじめとするオンラインの学習環境を整備したことで、環境の制約を受けずに情報にアクセスできるようになった**のです。

　Hさんの事例でとくに注目すべきは、「学習が成果につながる」ことが証明された点です。**Hさんのuの活用度をチェックしてみたところ、「学習ポイント数」「コース の完了セッション数」「いいね！ 数」すべてが1位の「三冠」を達成していた**のです。

　Hさんは、仕事でわからない言葉が出てくるとUMU上の社内のコンテンツを検索したり、成績優秀な先輩のロールプレイング動画を見たりしていたそうです。もともと仕事が終わってからYouTubeを見るのが趣味でしたが、その時間をＵＭＵで学習する時間にあて、営業中も隙間時間にＵＭＵを見ていました。**スマートフォンのアプリで学習できる点が新入社員世代にとってアクセスしやすく、自然と自己学習が進んだのです。**

「学習ポイント数」や「いいね！数」など、学習達成度が視覚的にわかる点も、「地方営業所からアピールするために、ＵＭＵの学習成績だけでも１位になる！」というＨさんのモチベーションアップにつながりました。

▼新入社員の能力が底上げされ、提案額が４倍に増加

新たなオンライン研修によって成果をあげているのはＨさんだけではありません。新入社員全体の底上げも実現できました。

ＵＭＵ世代の１人当たりの提案額は、**２０１９年度は従来の２・５倍に伸び、さらに２０２０年度は４倍以上に増えました。**

２０２０年度は、コロナ禍での初めての新入社員研修ということもあり、多くの企業の教育体制に混乱が生じました。そんな中でビジネスコンサルタ

従来の新入社員と比べて大幅に成績がアップ

1年目の売り上げ中央値 **2.8** 倍UP!

顧客コンタクト **1.6** 倍UP!

提案額 **2.5** 倍UP!

1年以内離職率 **半減**

UMUを導入して研修を行った2019年度の新入社員は、それ以前の新入社員と比べ、成果につながる要素がすべてアップし、離職率も下がった。

ントが新入社員研修で成果を出すことができたのは、前年からいち早くオンライン研修を取り入れた教育改革の成果といえます。

他社に就職した友人から自宅待機中に大量の課題を与えられるだけで半ば放置されている実情を聞いた新入社員から、「丁寧な研修をしていただき、ありがとうございます」といった感謝の言葉も聞かれたそうです。

事実、離職率が従来より半減し、研修の投資対効果が改善しました。これは、業務と学習内容の結びつきを強め、教育体制のばらつきをなくしたことで、新入社員のモチベーションを高められたことが大きく貢献しています。

効果的な学習や練習の機会、上司を巻き込んだ評価・指導や現場での振り返りなど、人材育成のノウハウを持つ企業だからこそ、パフォーマンス向上につながる質の高い学びが構築できたわけですが、具体的な研修内容はどの企業にも参考になるものばかりです。

ビジネスコンサルタントでは、さらに営業部員のスキルアップを目的としたパフォーマンス・ラーニングにもＵＭＵを活用しています。そちらについては、第7章をご参照ください。


続いて、子ども服のメーカーであるミキハウスの事例を見てみましょう。ミキハウスでは以前からコンテンツを小分けにして学ぶマイクロラーニングを導入するなど、学習効果を意識した研修が行われていました。

２０２０年度は、入社式直前に新入社員研修のオンライン化を決め、時間がない中でも新入社員の不安を取り除きつつ、スキルの定着から行動変容までを意識した研修設計が行われました。

一方通行ではない双方向の学習設計をしたことで、新入社員の感情面も含めた状況を把握しながら「顔の見える」研修を運営できたことで、エンゲージメントを含めたパフォーマンスに直結する学びが実践されました。

case2

ミキハウス

リモートだからこそ実現した「顔が見える」新入社員研修

企業概要　創業以来、子どものことを第一に考えたベビー・子ども服づくりに取り組む。20年ほど前から販売員向けに隙間時間を活用できるマイクロラーニングを実施。2020年度は、新型コロナウイルスの影響で新入社員研修をオンラインに移行。その後、新入社員研修以外でも、UMUを活用している。

▼「顔が見える」研修で不安を解消しながら帰属意識を高める

ミキハウスの新入社員研修において最も特徴的なのは、**「顔が見える」ことを意識した研修設計**です。

2020年度の入社式と集合研修をすべてオンラインに移行すると決断したのは入社式直前の3月28日。4月2日から10日の間は自宅待機となること

楽しくカジュアルなコンテンツで新人の参加を促す

5）筋トレをしよう！

5）筋トレをしよう！

ステイホーム中に筋トレをすることの大切さを力説。振り切った内容にしたことで、新入社員もコメントしやすくなった。

が決まり、その間に新入社員の気持ちが途切れないように、**オンラインでの交流とUMUの操作に慣れる期間**を設けました。

たとえば初日は、スポーツが得意な新卒採用担当者が、筋トレの大切さをアピールする動画を配信しました。

「eラーニングは楽しい」と思ってもらえることを意識しながら、堅苦しさのないコンテンツづくりを心がけた結果、新入社員に好評で、動画の視聴回数も多いという結果になりました。

その動画を見た新入社員たちが、自分の健康管理法をUMUのコメント欄に記入し、それに対して新卒採用担当者がコメントを返していきました。こうした双方向のコミュニケーションにより、リモートでも仲間意識を高めることができ、自宅待機期間の不安解消につながりました。

翌日は、別の新卒採用担当者が「東京支社でどんな仕事をしているかを紹介する動画」を配信。3日目は、自宅待機の時間を有意義に過ごすために心がけていることを先輩社員と新入社員が共有し合いました。たとえば、担当者が祖母と編み物に取り組んでいる動画をアップし、ある新入社員は、店頭でのラッピングに備え、自宅のあらゆるものにリボンをつけて練習した様子を共有しています。

ミキハウスでは、これまでの対面の新入社員研修でも、いきなり業務について教えるのではなく、まずは親しみやすい内容の研修を行って会社への帰属意識を高めていました。オンラインに移行してもこれまでの研修のよさを生かしたわけですが、集合研修では全新入社員と個別に温かみのあるやりとりを行うことはできません。はからずも、**「会えない」リモートの環境だからこそ、「顔の見える」交流が実現したのです。**

▼従来の研修の要点を踏襲しつつ、オンラインの双方向性を活用

カジュアルな研修内容でオンラインでの環境に慣れてもらいながら、同時に、初めての試みとなるフルオンラインの研修コース設計も進められました。ミキハウスでは、新入社員の育成において重視すべきこととして、次の4項目を掲げています。

1. 帰属意識の醸成
2. 同期入社社員間のコミュニケーション定着・促進
3. 販売職としての基本的な知識
4. 接客サービス業としての心構えと基本行動

それに加えて、2020年度は、次のような**「段階別目標」**も掲げました。

- 第1段階（自宅待機中）：不安解消とオンライン学習環境に慣れる、同期入社の帰属意識醸成
- 第2段階（4月）：オンライン学習で成果をあげる、生活リズムの獲得

オンライン研修の一日のスケジュール

9:30	オンラインで集合、オリエンテーション（約15分） 本日の研修に向けた問い＆事前課題の設定
9:45	各自UMUコンテンツにて学習・事前課題への取り組み
16:00	オンライン研修（約90分）
17:30	グループディスカッション（約20分）
17:50	まとめ／事後課題の設定
18:00	終了

朝と夕方にオンラインで集合する。その間は自己学習を行ったあとに、オンラインの集合研修とグループディスカッションで学びを深める。

- 第3段階（5〜6月）：自ら学ぶ姿勢の獲得
- 第4段階（7月以降）：「わかる」から「できる」へのスキル定着・行動変換

実際の講義では、集中力を考慮して各プログラムの受講時間を短くし、皆が顔を合わせるオンライン研修と個別で行うオンライン学習をバランスよく設定しています。

こうしたプログラムの内容は、これまでの新入社員研修で大切にしてきた以下の点を、オンライン研修でも意識しながら設計されました。

- 安心して学習できる場づくり
- プログラムの全体像を明示する、わかりやすく無駄のない学びのコンテンツを作成する（インストラクショナルデザイン）
- 主体的な参加を促す、そのための縦横のコミュニケーションや「創造的な問い」をもとにグループで意見交換する時間を多く設ける（ワークショップデザイン）
- スキル定着・行動変容のために今後のアクションプランを立て、後日振り返りを行う

主体的な参加を促すという点においては、ＵＭＵの双方向性が生かされています。

たとえば、「会社の通販サイトと公式 WeChat を見て、よい点と改善点を挙げてみましょう」という課題では、各自が事前に自分の意見をまとめたレポートを提出し、その後、グループディスカッションでも意見交換をしました。インプットとアウトプットを複合的に行っていくことで、主体的かつ深

主体性と双方向性を意識した課題

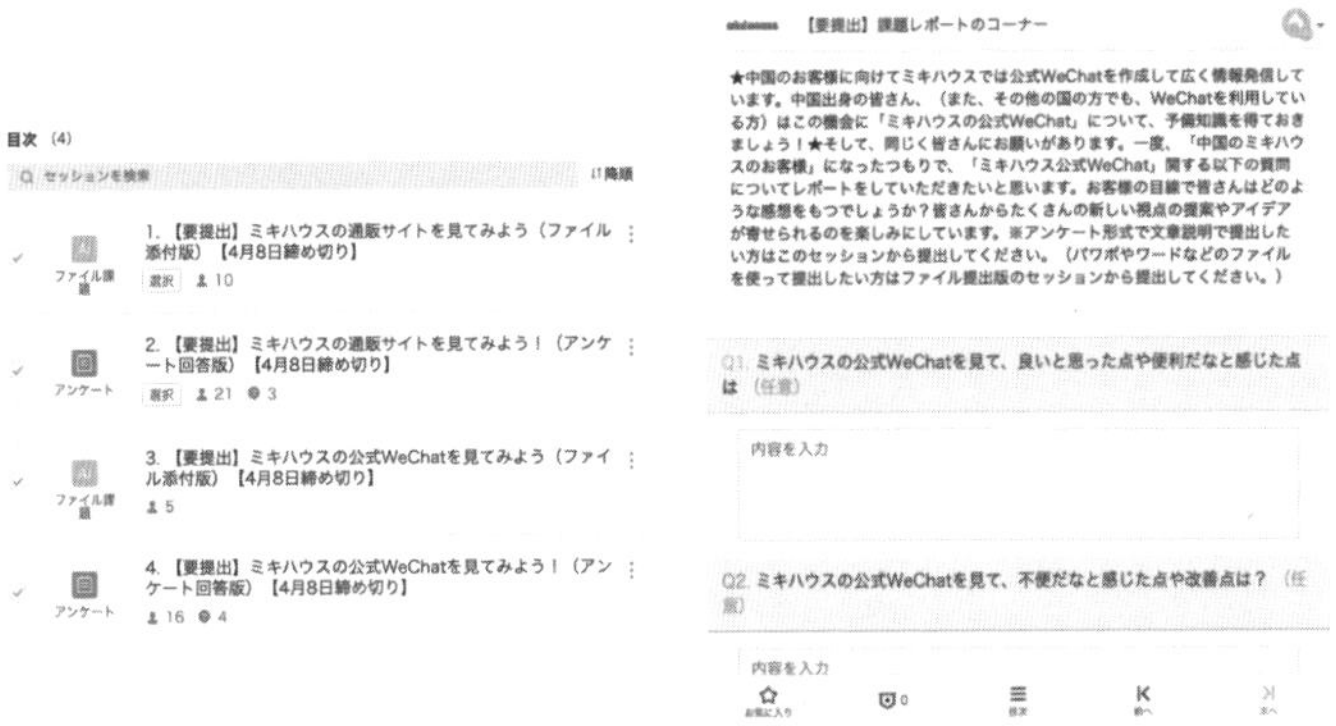

社内のコンテンツを見た感想や意見をレポートとして提出。グループディスカッションで同期の意見も聞くことで学びの幅が広がる。

い学びが実現しています。

２０２０年度は、新入社員研修用に、動画やアンケート、レポートなど、多様なコンテンツを50ほど作成しました。コンテンツの種類や数が多いと作成も管理も大変そうですが、その点は、コンテンツの作成やアップロードに手間がかからないUMUの操作性が評価されました。

ミキハウスでは以前から**「研修にかかるコストを成果に結びつける」**ことを重視しており、その時々に求められる学習内容を最適なかたちで提供するため、早くからマイクロラーニングも導入していました。

2020年の新入社員研修で手応えを感じ、中堅社員やマネージャーなど階層別の研修にもUMUを活用すべく、同年7月には、「ミキハウスオンラインカレッジ」を立ち上げ、個人のニーズに合った学習を提供しています。

さらに、今後は海外の社員向けに、コンテンツを多言語対応にした「グローバルカレッジ」の構築も目指しています。

次に、「人」を重視した研修設計の好事例として挙げられるのがパナソニックの新入社員研修です。

1000名を超える新入社員に大規模な研修を行いながらも、画一的で一方的な研修ではなく、「人に寄り添う」をキーワードに、効果の高い双方向性のある研修の設計と運営を実現しました。

また、「人に寄り添う」というキーワードは、研修のみならず、リモートワークの環境においても重要であり、多くの企業に参考にしていただきたい事例です。

case3

パナソニック

オンライン研修でも「人に寄り添う」学びを実現し新入社員のモチベーションを高める

企業概要　エアコンや洗濯機といった白物家電をはじめ、住宅設備、車載分野などを主力とする日本を代表する大手電機メーカー。「人に寄り添う」学びを理念とし、これまで集合型での新入社員研修を実施してきたが、2020年度はUMUを軸にしたオンライン研修へと移行。先輩社員がチューターとなり、グループ制で新入社員研修を運営するのが特徴。

▼限られた時間の中で「人に寄り添う」オンライン研修を設計

パナソニック（旧称：松下電器産業）創業者の松下幸之助氏は、経営において**「物をつくる前にまず人をつくる」**ことを重んじていました。同社では、それを受け継ぎ、社員教育でも**「人に寄り添う学び」**を理念としています。

また、同社の人材育成担当者である小野山敬一さんは、これからの研修のキーワードとして、**「インタラクティブ（双方向性）」**と**「パーソナライズ（個別化）」**の2つを重視しています。

新入社員研修設計までのタイムスケジュール

3月 第1週	第2週	第3週	第4週	第5週	4月1日
UMUへ 問い合わせ	正式提案・ 意思決定	UMU 勉強会	コンテンツ 作成	事前環境 設定確認	研修開始
問い合わせから7日					

問い合わせから提案・導入決定まで1週間、さらにUMUの操作法などの勉強会、コンテンツ作成から事前確認までを3週間で実行した。

成人学習である社員研修は「詰め込み型」「押しつけ型」ではなく、講師と学習者とのやり取りを通じて、自分が知りたいことを主体的に学ぶほうが学びを深められると考え、それを実現する仕組みが必要だと感じていたのです。

UMUはまさに「インタラクティブ」と「パーソナライズ」を実現するためのプラットフォームであり、小野山さんは導入前からUMUに注目していたそうです。そんななか、新型コロナウイルスの影響が出始めた2020年の春に、新入社員向けの研修での導入が決まりました。

ＵＭＵへの問い合わせをした3月の1週目から研修開始の4月1日まで、準備期間はごくわずかしかありませんでした。それでも、ＵＭＵに触れていくうちに「人に寄り添う」研修が実現できるという期待が確信に変わっていったそうです。

新入社員も指導にあたる先輩（チューター）も、ＵＭＵを初めて使う人がほとんどでしたが、実際に始めてみると、感覚的に操作ができるためすぐに慣れたそうです。

▼「知識習得」と「行動変容」の2つの側面からコンテンツを作成

パナソニックでは、**「知識習得」**と**「行動変容」**という大きく2つの側面を意識して研修の設計が行われました。

経営理念や会社の制度などインプット型の「知識習得」は、自己学習をメインとし、反復学習ができるように動画やテキストを活用してシンプルな構成にしました。自己学習をしたうえでわからないことはコメント欄で質問してもらい、それにチューターが答えることで、双方向のやりとりができるだけでなく、ほかの新入社員とも情報共有ができます。

一方で**「行動変容」に関しては、相互交流を通じて主体性を発揮しつつ、協調性も高めてほしいという狙いから、レクチャーだけでなくワークショップやディスカッションの場を設けました**。さらに、チューターがサポートしながら、各グループの状況に応じて、新入社員のニーズに合う学びの場を提供しています。

また、1000名を超える新入社員に自己紹介動画をアップロードしてもらうなど、斬新な取り組みも実施しています。

こうした複数の方向性を持つ研修設計も、UMUならワンストップで設計ができます。

▼互いに刺激し合い、自発的な学びへと発展

当初は、オンラインでは社員同士の情報交換ができなくなるのではないかと懸念していましたが、むしろ活性化することが明らかになりました。

重視していたインタラクティブ性に関しては、とくに生放送でのライブ配信に手応えを感じたそうです。

教える側も学ぶ側もモバイル端末でどこからでも配信・視聴ができるうえ、

一日のコースとコンテンツ例

▶ 一日のコースイメージ

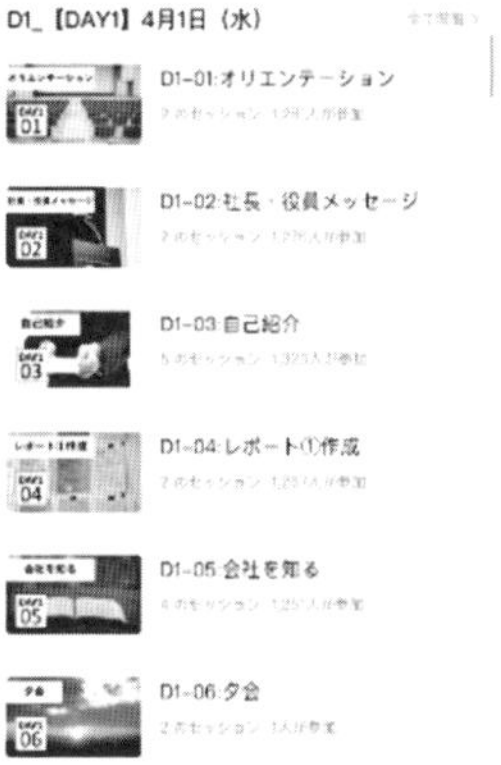

▶ チューターによるオリジナルコンテンツ

コメント欄に書き込んだ自分の意見が画面上で皆にシェアされることで参加意識も高まります。

学習コンテンツに組み込まれたSNS型の相互交流は、パーソナライズ化にもつながります。

多くの社員が集まる対面型の研修では、手を挙げて発言しづらい面がありますが、**オンラインでは発言のハードルが低くなるため個々の意見や質問を吸い上げやすく、それに対して教える側がその場で柔軟に対応することができるのです。**

また、コンテンツを流動的に組み合わせられるUMUの機能も学習の幅を広げました。

たとえば**インプット型のコンテンツの間にディスカッションやアンケートなどのアウトプット型のコンテンツを差し込む、学習を進めながら必要な資料を追加するなど、運用しながらアメーバのように変形・発展させる**ことができます。

そういったフレキシブルな研修設計が可能なため、空き時間にクイズ大会を開催するなど、それぞれのグループでの自立発展的な学習も行われました。

カリキュラムの中にはチューターが自由に使える「チューータータイム」があります。

２０２０年度のオンライン研修では、チューターが自分の上司とのトーク動画を配信する、タブレットを使ってオンラインで工場見学を行うなど、新たなアイデアも生まれました。さらに、社員が集まる学びのサークルも自然と広がりました。

何かを学びたい人がいて、その人が手を挙げたところに、同志が次々と集まっていく。すると、社員の人数が多いぶん、互いが互いを巻き込みながらコミュニティが次々に生まれます。

まさに**「人に寄り添い」「人と人をつなぐ」好循環**ができ上がったのです。

▼モチベーションが高く、上司の期待を超える新人が増えた

パナソニックでも、「短期間で私たち全員が使えるプラットフォームをつくっていただき、ありがとうございます」といった感謝の声が新入社員から聞かれたそうです。また、チューターからも、「お互いにつながれた」「新入社員の成長を感じた」などのポジティブな反応が得られています。

配属後の意識調査では、モチベーションが高い新入社員や、上司から見ても当初の期待を超えていると感じさせる新入社員が多いということがわかりました。

このように予想を超えた学びの発展や成果が生まれたのも、コロナ禍という苦境をバネに学習環境の改革に踏み切ったことが功を奏しています。

今後は、インタラクティブかつパーソナライズされた学びをさらに進展させながら、リアルの研修で行っていたようなケーススタディによるスキルの習得や実践力の向上を図ることが期待されています。

次に、トランスコスモスの新入社員研修について見ていきましょう。

同社ではテクノロジーを活用し、数年にわたり研修データを蓄積し、ＰＤＣＡ（計画・実行・評価・改善）を行ってきました。

例年通りの研修を繰り返すのではなく、試行錯誤しながら離職率の低下や育成スピードの加速化につなげ、経営上の課題を克服している点は、多くの企業に参考にしていただきたい好例です。

case4

トランスコスモス

研修内容を分析・改善し新入社員の早期離職率が低下

企業概要　コンタクトセンター、デジタルマーケティング、EC、BPO（デジタルプロセス・アウトソーシング）など、「人と技術」を「仕組み」で融合することで、価値の高いサービスの提供を実現する同社は、デジタルを活用した若手社員育成に力を入れている。UMU導入とその後の試行錯誤を経て、離職率の低下という大きな成果を挙げている。

▼「可視化」「標準化」で育成スピードの加速化を目指す

トランスコスモスでは、複数の部署でUMUを使った新入社員研修が行われています。そのうち、エンドユーザー（消費者）からの商品やサービスに関する問い合わせ対応や案内をするコンタクトセンターの担当部署では、**新入社員の育成スピード**に課題がありました。

コンタクトセンターの拠点は全国にあり、以前は集合研修で導入教育を行ったあとは各現場に育成を任せていましたが、調査の結果、会社として期待している「3年目、5年目にしてほしい仕事」が、十分にできていないと感じられました。これは、**育成内容が標準化されておらず、現場によって成長度合いに差があったた**めです。

また、リーマンショック後に入社した社員はほとんど辞めない状況が続いていたものの、**２０１６年頃から新入社員の離職率が徐々に増えました。**離職率の高さは、教育予算のＲＯＩ（投資対効果）はもちろん、事業拡大スピードに影響します。

トランスコスモスでは、若手の先輩社員がメンターとして半年間、新入社員をフォローします。

その際、目標設定や成果を書き込むメンターシートを作成しますが、その内容が新人の成長につながっているとはいえず、**「目標設定が適切に立てられているか」「きちんとフォローできているか」「フィードバックは適切か」などメンターの関わり方も分析できていませんでした。**メンターシートはメールで管理していたため、整理するだけでも時間がかかり、分析までは手が回らなかったのです。

そこで、**育成の「標準化」と「可視化」**をするために、２０１８年度からＵＭＵを導入することになりました。

新入社員がUMU上に提出した課題に対して、上司や先輩がコメントでフィードバックし、「いいね！」などのリアクションをすることで、**フォロー体制が文字や数値で可視化**できます。データ分析も容易で、権限さえあればだれでも見られるため、適切な育成が行われているか随時チェックすることもできます。**そのように「他人の目」が入る体制になったことで、フィードバックが積極的に行われるようになりました。**

また、現場のパフォーマンスやスキルの定着率、さらには**離職率に直結する「モチベーションの可視化」**も欠かせません。そこで、新入社員のモチベーションのチェックも、UMUのアンケート機能を使って随時行いました。

▼早期離職率がアップした導入初年度の課題は？

しかし、UMUを導入したからといって、最初からうまくいったわけではありません。「学習機会の増加」「育成状況の可視化」「フィードバックや『いいね！』などフォロー体制の強化」は改善できたものの、育成側の思いとは裏腹に2018年度は早期の離職率が前年の4・8%から6・6%に上がり、年間を通しても14%から20%になり、厳しい結果となりました。

原因について分析したところ、いくつかの課題が見えてきました。

さまざまなテーマで学習してほしいという思いから週1回のマイクロラーニングの課題を出していましたが、それが負担になっていると新人だけでなく配属先の先輩・上司からも声があがりました。

一方で4月の入社時の研修で習得しているはずの基本的なビジネススキルの定着不足が見られました。

また、モチベーションの可視化はできたものの、新入社員が自分でモチベーションを管理する**「マインドスキル」の強化**が不足していました。

また、「与えられる」学習環境に慣れてしまい、「してくれない」という受け身の姿勢が見受けられることが多く、社会人として重要な主体性が不足していることに気づきました。

このような結果になったのは、効果的な研修設計をしたつもりが、新入社員や新入社員の受け入れ先のニーズと合っていなかったこと、また、学ぶ側も教える側も研修内容を受け入れる準備ができていなかったことが原因と考えられました。

そこで、2019年度の新入社員研修は、**アンケート機能で新入社員や受**

け入れ先の生の声を吸い上げ、UMUに蓄積された前年度の育成データも分析しながら見直しを図りました。UMUのアンケート機能ならば、数値で結果が表示され、重要キーワードが大きく表示されるなど視覚的にわかるため、分析がしやすくなります。

▼マインド強化と基本スキルの定着を軸に改善

2018年度は、おもに「配属前研修」「OJT」「フォロー研修」「マイクロラーニング」「ワークショップの発表」で研修を設計していました。一方、**2019年度は、よりマインド強化をする視点で設計の見直しを図りました。**

とくにマインド強化に関しては、メンタルトレーナーを招き入れ、新入社員とメンターが、モチベーションコントロールの方法を学ぶ機会を設けました。そのうえで毎月、新入社員に「どんなときにモチベーションが下がったか」「どのようにコントロールしたか」を上司に報告し、振り返ってもらうようにしたのです。それをもとに、何か気になる点があれば上司が面談でフォローを行います。

その結果、**「モチベーションは自分でコントロールする」という意識が芽**

導入初年度の課題をもとに2年目の改善を図る

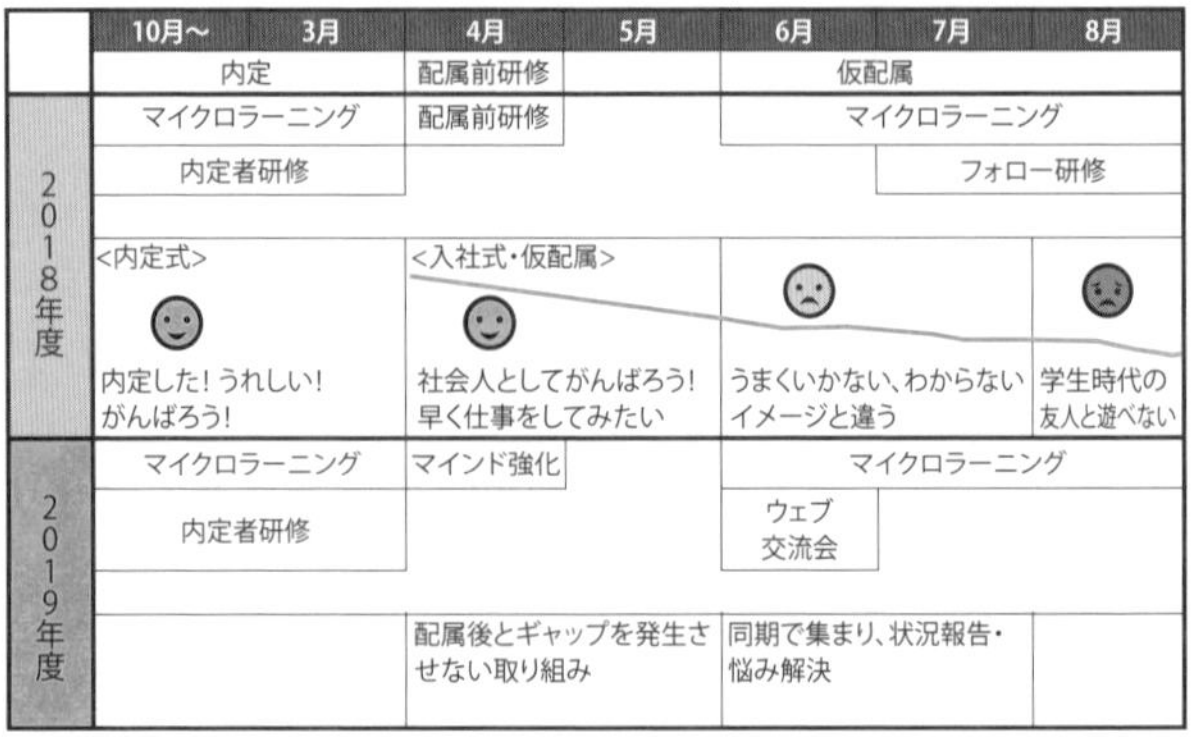

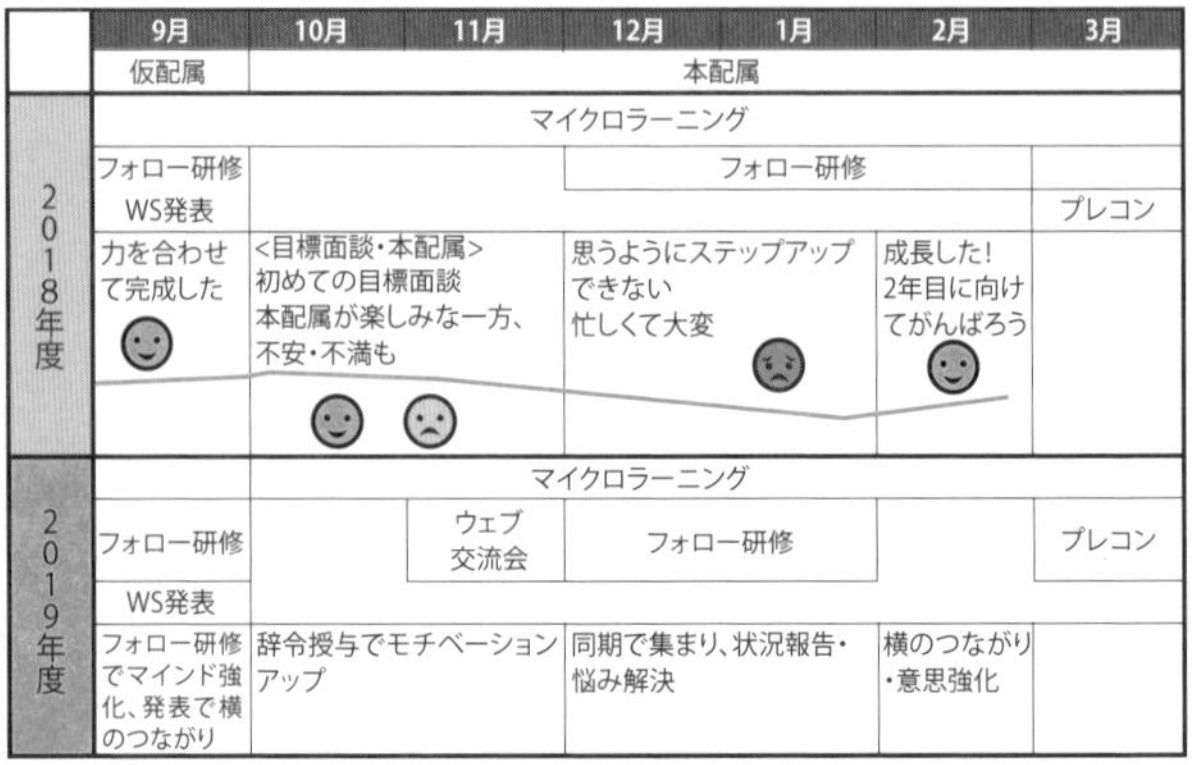

※WSは「ワークショップ」、プレコンは「プレゼンコンクール」の略称

前年の課題を解決するため、2019年度は学習の定着に重きを置きつつ、マインド強化の機会や、ウェブ交流会、同期同士の交流の場を設けた。

生え、徐々に新入社員の姿勢が変わり、年度内の早期の離職率は2018年度の6・6%から、2019年度上半期は3・6%と、2016年度と同等に低下しました。

また、退職者の中でも「ほかにやりたいことがある」など前向きな理由で退職を希望する新人の割合が増え、「上司がフォローしてくれない」など、**他責で仕事を辞める人がいなくなった**のです。

このように早くからオンライン研修を導入し、試行錯誤したおかげで、コロナ禍で実施された2020年の新入社員研修も前年と変わりなくスムーズに行われ、年々ブラッシュアップを重ねています。

▼知識の共有や学びの文化づくり、マネジメントにおける活用も

最後に、他部署での活用例も見てみましょう。

デジタルマーケティングの部門では、研修の教材を置く場所としてUMUを活用しました。社員がいつでも学習にアクセスできるようになっただけでなく、研修のたびに、ネットワーク上に教材の保存場所を構築する手間がなくなりました。

今後は、土日や深夜も働くコールセンターのスタッフや在宅勤務の社員向けの研修への導入や、UMUに蓄積された学習データをもとにした学びに関する情報共有や文化づくりの促進を目指します。さらに、**スキルの可視化や行動分析をもとに社員の配置や育成プランを作成する**など、学習に留まらない新たな活用も模索されています。

オンライン学習においては、**「学習者を迷わせないガイド」**が非常に大切です。富士フイルムビジネスイノベーションジャパンでは、新卒の社員とキャリア入社の社員に向けた新入社員研修にUMUを導入し、週ごとに何を学習すべきかがわかりやすい研修設計をしました。

社員が業務の中で自ら解決できるような学習コンテンツの設計と展開も、**「学習者の時間を奪わない」という点においても生産性を高めるラーニング・プラットフォームの運営**が実現されています。

また、研修部門が「社員と伴走する」という気持ちで研修運営を行った点からも多くの企業の参考になる好事例といえます。

case5

富士フイルムビジネスイノベーションジャパン

新卒社員の職場実践を早めつつ継続的に育成
入社時期が異なる中途社員にタイムリーに研修を提供

企業概要　全国各地に多数の社員を抱える富士フイルムビジネスイノベーションジャパン（旧称：富士ゼロックス）では、新卒社員・キャリア（中途）採用社員それぞれの研修における課題を解決するため、2020年2月にUMUを導入。学びを成果に結びつけるべく、学習効率を上げながら効果的なフォローアップで社員の成長を支える。

▼知識の定着と職場実践を図りながら1年かけてフォロー

富士フイルムビジネスイノベーションジャパンでは、新卒とキャリア採用の2つの新入社員向け営業基礎研修でUMUを活用し、学びを成果につなげる改革が行われました。

初めに、新卒の新入社員研修での取り組みを見ていきましょう。これまでの新卒向けの研修は、3か月間の集合スタイルによる導入研修で基礎的な育成を行い、その後は配属された現場でOJTや職場経験を通して学ぶ流れでした。

しかし、導入研修は、関連会社や支社も含めた約300名の研修を一度に行うため、標準的な知識を詰め込む画一的な研修になりがちでした。配属後の職場での教育も、現場任せになっており、導入研修で得た知識を定着させ仕事に生かす道筋ができていませんでした。そこで、**より個人のレベルや成長に合わせて学習できるツール**を探していたのです。

育成部門の担当者がUMUを初めて知ったとき、子どもの頃からデジタルデバイスとソーシャルメディアに慣れ親しんだZ世代（1990年代後半から2010年代前半生まれ）の人材に合わせやすい「これからの研修プラットフォーム」という印象を受けたそうです。

SNSのような双方向のやりとりができる、アイコンでわかりやすく楽しく学べる、インプット・アウトプット両方の学習を組み合わせられるといったUMUの機能が、新人の学習意欲を高めながら知識を定着させられるのではないかと考え、投資対効果なども判断したうえで導入が決まりました。

実際の研修設計では、導入教育後も現場任せにせず、1年を通してOJTをバックアップする支援策を通じて育成部門が新入社員に伴走しながら育てることを目標としました。

具体的には、**ビジネスマナーや業界の基礎知識などを導入教育で全新入社員に行ったあと、いつでもマイクロラーニングによる自己学習ができるようにコンテンツを揃えました。**

たとえば、案件化から成約に至るまでの流れをストーリー化した動画を制作し、営業活動の流れを頭に入れながらイメージトレーニングをしてもらいます。

また、これまでは紙のマニュアルで学んでいた複合機の設定方法なども、資料や動画をマイクロコンテンツにしてUMU上に保存しました。2〜3分ほどで終わるコンテンツが多いため、顧客を訪問する直前にスマートフォンで復習することも可能です。

自己学習においては、学習の効果や効率を上げ、学習者のモチベーションを維持するためにも、見たいコンテンツをすぐに見つけられることが重要です。同社では、たとえば**製品の操作方法を「フォルダ設定の仕方」「アドレス設定の仕方」と細かく分け、コンテンツ名のつけ方にもルールを設けることで、検索しやすくしています。**

「学びたいときに、学びたいものを、何度でも学べる」環境があるため、現場に出てからまだ足りないと感じたテーマは何度でも復習でき、パフォーマンス向上につながります。また、自己学習を取り入れれば運営側の負担が軽減し、そのぶん、より丁寧で持続的なフォローが可能になります。

▼育成のスピードを上げながら、コミュニケーションの質は維持

UMU導入による成果として挙げられるのは、**新卒社員が初めて顧客と接するタイミングを例年より前倒しできた**ことです。

これまで3か月かけていたコンテンツを1か月半ほどで終え、早めに職場実践に移行できるようになりました。今後はさらにコンテンツを拡充して学びの種類や幅を広げながら、効果を高めることが期待されています。

また、**マネジメントや新人のメンタル面でも、UMUを活用してリモート主体の設計に組み替えた研修の効果を実感できている**そうです。まず、新卒に対するマネジャーからの評価が例年と同等レベルに維持できました。一方で、新卒社員に行ったアンケートの結果から、モチベーションの高さやマネジャーおよび先輩社員とのコミュニケーションの質についても、例年の水準を維持またはやや高められたことがわかっています。

2020年度は急遽、在宅でのオンライン研修が決まるという不安定な状況でしたが、役員からのメッセージをUMUにアップするなどして、新人の不安を解消したことも、このような結果に結びついていると思われます。

このように、さまざまな工夫がなされたことで、**オンライン研修で育成のスピードを上げつつ、コミュニケーション面はこれまでの研修と同じ質を保つ**ということを成果をあげることができました。

▼キャリア採用社員の能力差を縮めながら、即戦力化につなげる

一方、キャリア採用の社員は、新卒と異なり入社時期が一定ではないため、これまでは3か月に1回のペースで導入研修を行ったあと、現場でOJTを実施していました。

研修が年に4回しかないため、人によっては入社から研修まで1～2か月待たなければならず、**即戦力として採用したにもかかわらず準備期間が長くなるという矛盾**が生じていました。また、マネジャーのサポートが追いつかず、必要な知識を習得できないままひとりで活動せざるを得ないケースも生じていました。

実際の研修内容も、新卒同様、社内システムや機械操作といった実務演習は知識のインプットと操作演習を同時に行っていたため、「理解が追いつかない」との声がありました。

また、中途社員の場合、新卒とは異なりともに学ぶ仲間がいないことが多く、経験値も人それぞれでばらつきが生じます。

これらの課題を踏まえ、**フレキシブルかつタイムリーに実施でき、より定着・実践につながり、さらに中途社員の学びや経験を共有できる新たな研修の仕組みづくり**を模索していました。

ＵＭＵを導入してからは、２週間のマイクロラーニングで基礎知識をインプットしてもらったあと、３日間、実践スキルアップのためのワークを中心とした双方向の研修を行う設計にしました。**知識は事前の自己学習で学んでもらい、集合研修では手を動かしてスキルを身につける**という、ブレンディッド・ラーニング（↓Ｐ１０９）の好例です。

新卒の研修と異なり、自己学習を先に行うのは、キャリア採用社員の業界理解度の差を埋めるためです。２週間の自己学習で一定水準まで知識を高めたうえでより実践に近い研修を行うことで、学習効果が上がるうえ、トレー

新入社員研修とキャリア採用社員研修の例

▶ 新入社員研修

▶ キャリア採用者向け営業基礎教育

ナーの負担も減るためフレキシブルに研修を実施することができます。

受講後のアンケートでは、とくに未経験の社員から「非常に理解が深まった」といった声が聞かれています。

また、**学習コンテンツがすべてUMU上にまとまっているため、紙で管理する必要がなく、上司が忙しいときでも自分で振り返りができる**という点も好評でした。

一方で、経験値が高い人のさらなる理解度向上にはまだ課題があり、今後の改善が求められています。

同社では、**「取扱商品や営業スタイルが多様化するなか、学びもそれに応じて進化していく必要がある」**という考えのもと、今後は、学習の効果や効率をさらに高めながら、より最適で柔軟性の高い学びを提供していくことを目指しています。

さらに、新卒・中途問わず、垣根を越えた学びの文化を醸成することができれば、会社の大きな成長を支える土台になるはずです。

第6章

営業を変えて会社を変える
セールス・イネーブルメント

営業力強化を実現する研修のコツ

営業が変われば、会社は変わります

営業のパフォーマンスを上げる研修設計

企業研修の成果が見えやすいのが営業部門です。営業部員の商談スキルや提案力を高める、より顧客のニーズに応えられるようにする、リードタイムを短縮するといった、**「セールス・イネーブルメント（営業力強化）」**にこそ、パフォーマンス・ラーニングが欠かせません。

リモートワークが浸透した今、「足で稼ぐ」だけの営業スタイルから脱却する必要があります。顧客との対面でのコンタクトが減るなか、**1回の商談の精度をいかに上げるか**が営業の成果に直結します。

言い換えれば、**営業スタイルが大きく変わった時代の変化に対応できれば競合他社と大**

きく差をつけることが可能だということです。

ぜひ今こそ学びによって営業部員のパフォーマンスを高め、会社の業績アップにつながるセールス・イネーブルメントを実現してください。

営業教育の事例のひとつ目は、マイナビのアルバイト情報事業本部の研修事例です。

マイクロラーニングを活用した学習効果と学習意欲の向上、営業担当者の「学びの習慣化」、「売れる営業の型」の共有などを実現したことで、パフォーマンスの向上が売上アップという数字であらわれました。

case6

マイナビ（アルバイト情報事業本部）

「学びの習慣化」で営業部員のスキル底上げを図り、前年比10％増の売上を達成

企業概要　マイナビでは、就職・転職・アルバイトなどの求人情報サービスを提供。その中のアルバイト情報事業本部では、組織統合をきっかけに、営業部員のための学習プラットフォームとしてUMUを段階的に導入。研修のためだけでなく、営業の生産性を上げる情報の「ハブ」としても活用し、導入した営業部では前年比10％増の売上を達成した。

▼部門統合に伴う情報共有を研修で実現する

「マイナビバイト」を運営するアルバイト情報事業本部では、それまで複数あった組織がひとつに統合されるにあたり、組織ごとに立てていた方針、情報、ノウハウを一元化し、研修を通してそれらを共有するためのツールを探していました。

文書だけでなく動画も保存できる、運営側が情報を提供するだけでなく各営業部員からも発信できる、しかも、学習効果が高い。そのような条件で複数のプラットフォームを比較検討し、UMUの導入が決まりました。

決め手となったのは、現場のだれもがSNSのように気軽に操作しながら、主体的な発信・活用ができる点です。実際に導入してみて、直感的に使えるUMUの操作が、外回りで忙しい現場の営業部員にも「それほど難しくない」と受け止められたようです。

▼マイクロラーニングと学習時間設定で「学習の習慣化」を実現

UMU導入当初は、ひと月にまとめて5本の学習課題を設定していましたが、負荷がかかりすぎて現場社員のモチベーションが徐々に下がってしまいました。

そこで、**週に1本、10分ずつに小分けしたマイクロラーニングに切り替えたところ、教材の量は大きくは変わらないものの、社員のモチベーションが高まっていくのが実感できた**そうです。

もうひとつ注目したいのが、**「学習の習慣化」**のための工夫です。「忙しくて学べない」ということがないよう、「月曜午前はアポイントやほかの業務を入れず、学習時間にあてる」というルールを決めたうえで、月に1〜2回ほどオンラインでの集合型の研修も実施しています。

育成部門の担当者は、**「コツコツ続けるうちに楽しくなる、またやりたくなる」という「ジム通い」をイメージして、週に合計15〜20分でもいいので、学び続けてもらう**ことを重視しているそうです。

そのような学習の習慣を毎週積み重ねながら、UMU上のコース数は40〜50ほどに増えました（2021年1月時点）。

▼現場の知識やスキルを集め、「売れる営業の型」をつくる

実際のコースづくりは統括部長が担当し、そこにアップされる動画や資料

などのコンテンツは各営業部員が作成します。

現場から発信される学習テーマは、基本的な営業の流れや契約までのプロセスを解説するものだけでなく、「タスク管理の方法」や「キーボードのショートカット」など営業以外の基本スキルも含まれます。それらの多種多様なコンテンツの質を保つため、現場から上がってきたコンテンツの管理や確認を育成部門が行いました。

また、現場社員にアンケートをとってコンテンツに対するフィードバックをしてもらい、コンテンツのブラッシュアップにも役立てています。

このように、管理しながらも一定の自由度を設けることで、現場社員が主体的に学習に取り組むことができます。

その結果、**これまで百人百様だった知識やスキルが集約されたことで、「売れる営業がやっていること」が可視化され、「売れる営業の型」が共有できるようになりました**。

同社も以前は、従来の「上司や先輩の背中を見て学ぶ」というスタイルが主流でしたが、UMUでより多くの経験値から導き出した「売れる営業の型」をインプットしたうえで、日々の営業活動を通して自分なりに咀嚼《そしゃく》すれば、より即効性のあるスキルを身につけることができます。実際、UMUを取り入れた営業部では、社員の成長を実感することができたそうです。

また、研修内容をOJTと連動させる取り組みも行っています。まさに、学びを職場での実践につなげるパフォーマンス・ラーニングの好例ですが、その効果は学ぶ側だけでなく教える側にももたらされます。

指導内容をコンテンツにするためには、「こんな感じでわかるだろう」という感覚で進めず、**自分の持つスキルを言語化・パターン化する**必要があります。その過程が教える側の学びや生産性の向上につながるのです。

▼学習で課題を解決し、前年比10%の売上増を実現

営業部門全体の生産性を上げるには、「営業の型」を身につけるだけでなく、各営業部員の課題をクリアしていくことも大切です。

たとえば、「サービスを売り込むための知識が足りない」「アポイントの数が足りない」「リードタイムが長い」といった課題に合わせた学習を行い、改善する必要があります。

そのためには、「課題→学習→改善」という道筋を組織全体で意識し、課

題解決に必要な情報を育成側がUMUを通して繰り返し発信する一方で、現場からも情報を吸い上げてUMU上にまとめ、課題を1つひとつクリアしていくことが求められます。そうして、**いわば課題解決のための「ハブ」のようにUMUを活用し、全体の底上げを図っています。**

課題解決の具体的な例としては、**新商材に関する情報を動画で配信したことで、売上につながるまでのリードタイムが短縮されました。**動画のほうが文字よりもより多くの情報をすばやくインプットできるだけでなく、「売ってみたい」というモチベーションを刺激しやすいのです。そのため、顧客への提案の幅が広がり、営業活動の成功率が上がったと考えられます。

本来は、そのような各自の課題解決はマネージャーがサポートすべきです。しかし、多くの企業がそうであるように、マイナビのアルバイト情報事業本部でもプレイングマネージャーが多く、部下の育成に割く時間は限られています。

UMUを導入してからは、たとえば**マネージャーが隙間時間を利用してスマートフォンで部下の営業動画を見てフィードバックをするなど、効率的に指導できるようになった**そうです。

これらの研修改革の成果が、数字にあらわれました。UMUを導入した営業部では、**前年比およそ10％の売上増を実現**できました。

これは、**「学習の習慣化」に成功したことで、営業部員のスキルが底上げされ、「営業の質」が上がった結果**といえます。

今後は、アップされた営業動画に対して、上司だけでなく、営業部員がお互いにコメントする**「学び合い」の文化づくり**も目指しています。相互にフィードバックをすることで、フィードバックを受ける側も返す側も学習効果が高まります。

さらに、「AIコーチング」などUMU独自の機能も活用しながら、さらなる成果の向上を目指します。

「学ぶ」「練習する」「評価・指導する」「仕事に生かす」というパフォーマンス・ラーニングの4つのステップを研修に取り入れているのが、富士通のファイナンス＆リテールソリューションビジネスグループです。

「基礎」「応用」「実践」という3段階それぞれに工夫の凝らされた研修設計により、**「営業の武器」が強化され、従来の倍以上の受注を目指せるようになりました。**

case7

富士通

3段階にステップアップする学びで営業の「武器」を強化し、リードタイムを短縮

企業概要　テクノロジーをベースとした幅広い領域のプロダクトやソリューションを提供し、約13万人の社員が世界180か国で顧客をサポートしている。社内研修においても、ファイナンス&リテールソリューションビジネスグループがUMUを活用した段階的な学習システム「BOOTCAMP」を企画するなど革新的な研修を行い、顧客に寄り添う営業の育成を目指している。

▼「営業」から「ビジネスプロデューサー」へ

富士通では、ファイナンス&リテールソリューションビジネスグループ独自の金融ソリューション体系「Finplex（フィンプレックス）」のひとつである「Finplex アドバンスドチームエクスペリエンスサービス」にUMUの機能を導入し、金融分野の取引先企業に教育プラットフォームとして提供しています。

このプラットフォームを立ち上げたSmart Finance 事業部の事業部長であ

る奥田琢馬さんは、双方向性やモバイルデバイスからアクセス可能な点だけでなく、UMUの開発スピードにも魅力を感じ、自らUMUに同ソリューションでの提携を提案しました。

この教育プラットフォームを、顧客だけでなく同事業本部内に在籍する500名以上の営業担当者の教育にも活用すべく、営業力強化のための「Finplex BOOTCAMP（フィンプレックス・ブートキャンプ）」を2020年9月からスタートしました。

その中で、掲げられているのが、**「営業からビジネスプロデューサーへ」**というビジョンです。

前述の奥田さんは、**「営業は富士通の顔」**という理念のもと、**富士通という社名に頼ることなく「この人に相談したい」と顧客に信頼される人材の育成**を目指しBOOTCAMPを立ち上げました。

具体的には、**営業の役割を従来の「サービスを売り込む」だけのものから、「顧客に寄り添いながら、顧客の課題を解決へ導く提案力を身につけ、ビジネスをプロデュースする」レベルへと引き上げる**のです。

しかしながら、実際には、おもに若手や中堅の社員が自社のソリューションのコンセプトや想いを十分に理解できておらず、顧客に自らの言葉で提案することができていませんでした。そのため、顧客から詳しい説明を求められたときは、営業がつなぎ役となってそのシステムに詳しい技術者を同行させ説明してもらう、というケースが少なくありませんでした。

これでは、「何か質問されたときは技術者が答えてくれる」という「守り」の営業スタイルになってしまい、こちらから提案する「攻め」の営業ができません。「システムの説明だけでなく、それを使って自社の課題がどう解決できるのかを提案してほしい」という顧客のニーズともマッチせず、受注につながりにくくなります。

また、リモートワークでチームメンバー間のコミュニケーションが不足し、知識やノウハウを共有し合う環境をつくることができていないことも課題でした。よくも悪くも縦割りが基本とされ、異なる業種を担当する営業組織間の交流も不十分でした。

▼「基礎」「応用」「実践」の3段階でパフォーマンスを上げる

そのような営業組織の課題を解決し、**自分なりの「武器」を持ったビジネ**

スプロデューサーへと育てるべく、BOOTCAMPにはパフォーマンスを上げるための工夫が随所になされています。

学習プログラムは、**「基礎編」「応用編」「実践編」の3部構成にし、段階的にレベルアップすることで、基礎知識の理解から顧客への提案スキル獲得まで実現できる仕組み**にしました。

具体的には、**基礎編で基礎知識を学び、応用編でプレゼン練習をし、実践編では学んだことを人に教えることで定着を図ります。**個々の学習で留まるのではなく、人に伝えることで初めて自分の力として身についたことになります。

基礎編は、テキストや動画を使った5分程度のマイクロラーニングで、自社のソリューションの使い方や基礎情報を学びます。全社員に支給されたスマートフォンを使って場所や時間を問わず学べるため、忙しい営業部員でも移動中などの隙間時間に学べるのが利点です。

次に応用編では、いくつかのケーススタディが用意されています。これらのケーススタディに対して、基礎編で学んだことをもとに自分なりのプレゼンを考え、その様子を動画で撮影。それをUMUの「AIコーチング」の機

基礎・応用・実践の3部構成で学習効果を高める

基礎編	動画やテキストでのマイクロラーニングで自社商品の基本情報を学ぶ
応用編	UMUの「AIコーチング」を使ってプレゼンを自己分析し、上司や同僚のフィードバックを得る
実践編	「学んだことを1人が2人に教える」というルールで「学びの輪」を広げながら、学習内容を定着させる

基礎編で学ぶ、応用編で練習と評価・指導、実践編で学びを共有する3段階の研修でパフォーマンス・ラーニングを実現。

能を使って、話し方や上司が設定した必須キーワードの頻度などを分析しながら練習します。それに対し、上司や同僚がコメントやスタンプなどでよかった点や改善が必要な点をフィードバックします。

最後の実践編は、**自己学習から「教え合い」へと発展**します。この背景には、「人に教えて伝えてはじめて身につく」「自分の言葉で人に説明できるようになってこそ、お客様に納得していただけるプレゼンができる」という考えがあります。

具体的には**基礎編・応用編の自己学習を終えた人が新たに2人の**

プレゼンの自己練習と相互フィードバック

❶自分のプレゼンを撮影

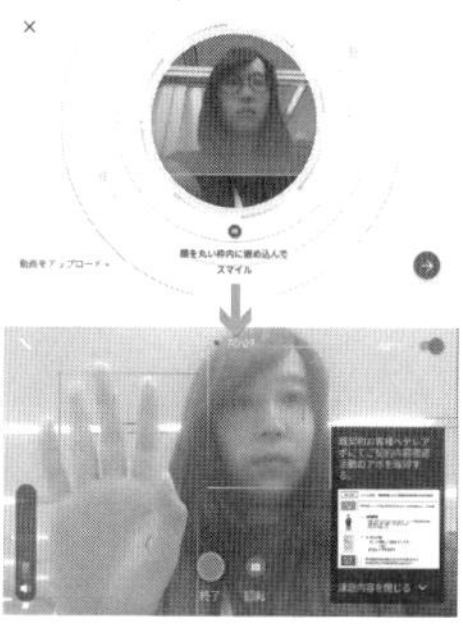

受講者の顔をスキャンして
プレゼンを撮影

❷AI分析報告を表示

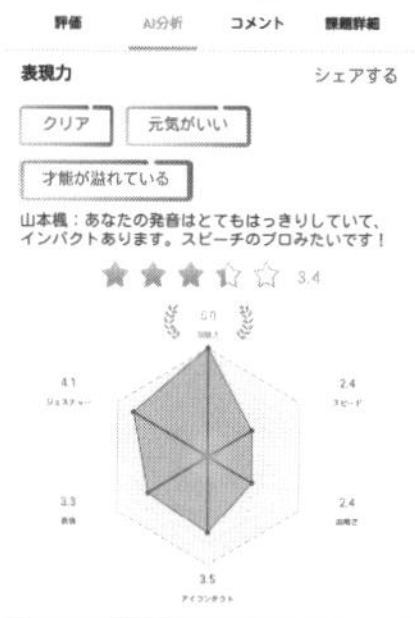

ポジティブなキーワードで評価し、
6つの視点で採点

❸動画共有とフィードバック

動画課題を提出。上司や同僚から、
スタンプやコメント、音声でフィードバックを得る

ツリー式に「学びの連鎖」を広げる

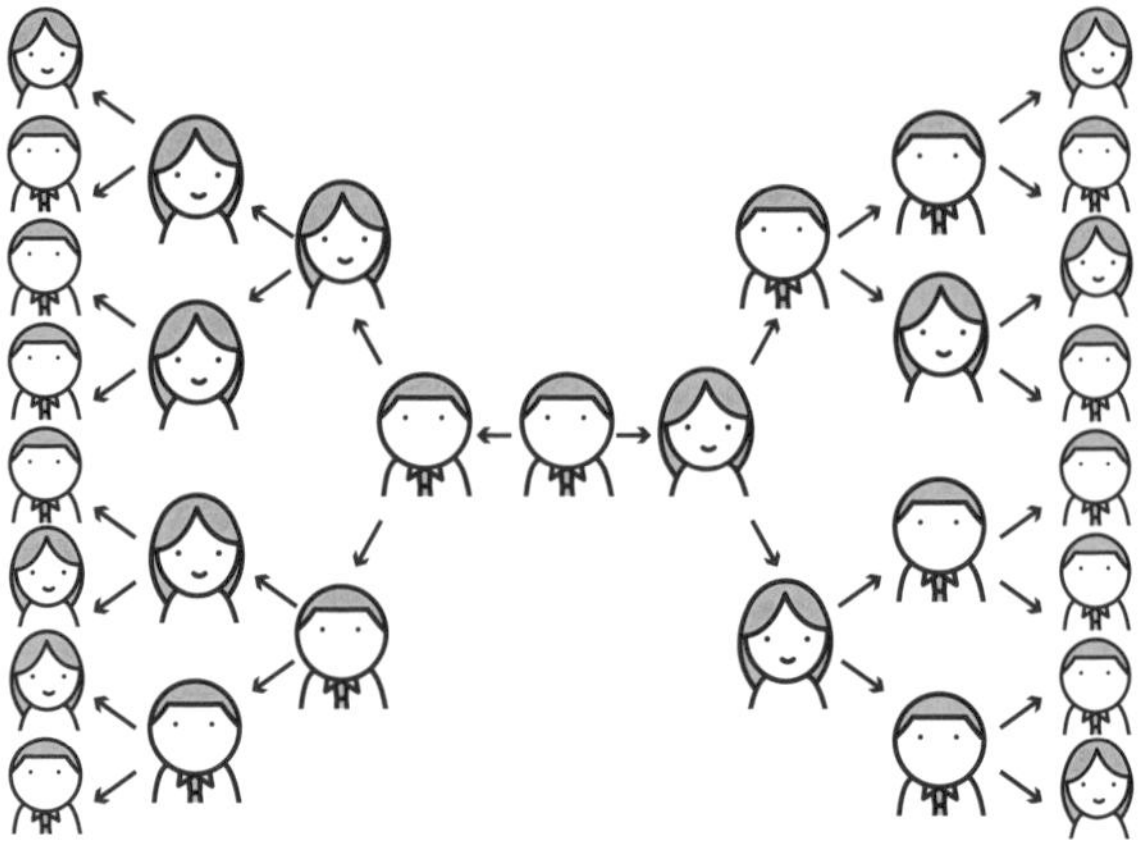

「学んだことを1人が2人に教える」ことを繰り返し、学びの連鎖を組織に拡大させる。

同僚に自分のプレゼンを見せ、それを受けた2人が基礎編・応用編の自己学習を経て、さらに2人ずつに教えるというツリー式の仕組みです。

2020年の9月に4人から始めたこの取り組みが「学びの連鎖」を生み、1か月ほどで130人にまで広がりました。

各学習コンテンツに対してこの「教わる・教える」循環を繰り返すことで、学習に積極的な人とそうでない人の差を縮め、組織全体の「学びの定着」が実現できます。

社員の主体性に期待するだけでなく、システム化することで学びの連鎖をつくり上げた好例であり、あらゆる業種で今すぐ取り入れられます。

具体的なコンテンツ作成においては、**「どうすれば学習が定着するか」「どんなコンテンツが成長につながるか」「どんな仕組みがあればいいチームがつくれるか」**などの点を意識しています。UMU運用の事務局を立ち上げて営業と技術部隊の連携にも力を入れ、より自社のソリューションを理解できる深い学びにつなげています。

また、学習の継続や定着のためには、コンテンツの質だけでなく量も担保しなくてはなりません。そのため、**「情報をすぐに載せて早く認知させる」**ことも意識して設計が行われました。

現状、BOOTCAMPに参加しているのは新卒から入社5年目前後までの若手社員ですが、参加者のアンケートを見ると、**「理解できた**（65・4％）**」「営業に生かせそう**（73・1％）**」「コンテンツが見やすい**（80・7％）**」**などの**好ましい反応**が得られています。

▼リードタイムが半分になり受注倍増も目指せるように

ファイナンス&リテールソリューションビジネスグループが扱う商材には、業務手続きの効率化や、セキュリティ認証、リモート商談ツール、さらにはAIスコアリング、バーチャルイベントなど、さまざまなソリューションがあります。

BOOTCAMPの応用編や実践編では、スマートフォン上でのデモを見せながらこれらのソリューションを顧客に提案する練習課題を設け、実際の商談の下地づくりに力を入れています。

そうした学習を積み重ねていくことで、顧客に対して適切な説明や提案ができるようになり、それが成果にもあらわれています。

これまでは、初回にソリューションの概要説明をし、次に技術者を連れて詳細を説明するまでに1週間、さらに顧客の社内関係者を集めたプレゼンと見積提案に1〜2週間、そこからはじめて検討に入る……など、ひとつのソリューションの契約を結ぶまで1か月かかることも少なくありませんでした。

それが、**BOOTCAMPを始めてからは、初回のプレゼン後にすぐに見積もりを依頼されることが増え、契約まで1か月かかっていたリードタイムを半**

分の2週間に縮めることも可能になりました。

以前は、営業が武器も持たず丸腰で斬られて帰ってくるか、防御はできても攻められない、あるいはプレゼンという戦いの土俵にも乗ることができなかったのが、**「攻めの営業スタイル」**ができるようになったのです。**その結果、受注はこれまでの倍以上を目指せるようになりました。**

実際、顧客からも「いい提案をしてくれてありがとう」という声が以前よりも聞かれるようになり、社内でも上長から「なぜあそこまでの提案ができたのか」と驚かれるなど、周囲の反応も変わりつつあるそうです。

さらに、**現場で聞いた顧客の生の声をBOOTCAMPにフィードバックして共有することでそれぞれのビジネスプロデューサーが次の商談を工夫できる、顧客の声がサービスやソリューションの開発元へダイレクトに伝わり機能が改善され、真の「製販一体」が生まれるという効果もありました。**

こうした「学びの輪」が、金融部門だけでなく他業種へ、さらに国内だけでなくグローバルにも広がれば、会社全体に大きな変革をもたらし、より大きなチャレンジにつながることも期待されます。

次の日本生命の事例は、テクノロジーを大規模な研修に活用した好例です。**5万人もの社員に対して効率よく学習を提供し、かつノウハウの共有とデータ活用から効果的な学習展開とマネージメントを実現**しています。

専門性の高い商品内容を理解し、適切に顧客へ伝えるための教育は、まさにパフォーマンス・ラーニングの考え方が応用されています。

case8

日本生命

双方向コミュニケーションとデータ蓄積で効果的なマネジメントを実現

企業概要 5万人の職員によるリテール営業を強みとしてきた日本生命保険（以下、日本生命）では、新型コロナウイルスの影響もあり、現場でのデジタル活用が急務に。デバイスやツールの見直しを通じ、双方向性の高いラーニングプラットフォームであるUMUに着目。研修やコミュニケーションまで幅広く活用し、DXや生産性向上に向けた取り組みを実施している。

▼「ノウハウ共有＋データ活用」で生産性を高めていく

日本生命では、2020年の1月からは一部の組織で、その後、半年ほどの試用期間を経て、同年6月には全国5万人の営業職員へとUMUの利用を広げています。

その背景には、**UMUを活用すれば、教育内容と営業にまつわるさまざまなデータを一元化してより効果的な教育を行うというDX（デジタル・トランスフォーメーション）が可能になり、全国の営業が抱える課題が解決できる**という期待がありました。

約5万人という多くの営業職員を抱える日本生命では、「営業活動を通して蓄積される膨大なデータをどう生かすか」が大きな課題でした。また、入社1年目の人もいれば40年のベテランもいるため、職員のノウハウの差がそのまま成績の差に反映されるという問題もありました。

ノウハウの差を改善して営業全体の底上げをすべく、本部や支社では以前からさまざまな研修を実施していました。しかし、対面や紙ベースでの研修やOJTが中心で、現場任せになっていました。そのため、結局は支社ごとに教育のばらつきが残り、研修の実施状況やその成果を具体的な数字で示せず、広く活用できていないことが懸念されていました。

このような状況では、特定の支社で優れた研修が実施されていたとしても、それを本部で吸い上げて他の支社に横展開することもできず、効率がよいとはいえません。

そのような課題があったため、UMUを導入した決め手は、何よりも**「データが残る」**ことだったのです。また、**多くの企業でも評価されているアンケートやコメントなどの双方向性、学習者の主体性を促す工夫、ロールプレイング動画をAIが採点し上司がコメントするなど、自己練習とフィードバックが容易にできる点も、「ノウハウの差をなくす」という目的に合っていました。**

日々の営業をする中で職員それぞれにノウハウや工夫が生まれ、また、取り扱う商品も多種多様です。それでも、それぞれの現場の成功事例がデータとして残り、それを共有できれば、各現場で応用することができます。

多様な年齢層や経歴を持つ営業職員を抱えるため、使い勝手も考慮されました。検討段階では、実際に動画などのコンテンツをアップして、活用例がわかるデモを作成し、経営層や教育担当者にプレゼンをしたところ、直感的な操作ができるＵＭＵのＵＩ（ユーザーインターフェイス）やスマートフォンのアプリで学習を行える点が評価されました。

▼動画の視聴回数が100倍以上に

ＵＭＵを導入した大きな成果として、顧客向けのＣＭや商品説明動画など、本部から提供された動画の種類や視聴回数が大幅に増えたことが挙げられます。具体的には**動画コンテンツ数が以前の10倍、視聴回数は100倍以上に伸びる**という驚くべき結果になりました。

ここでもやはり、スマートフォンのアプリでいつでもどこでもアクセスできることが視聴回数の伸びにつながっています。**それらの動画を見ることで商品知識も得られますし、顧客にコンサルティングを行うときにも一貫性のある説明ができます。**

また、各支社内での業務連絡にも動画を活用しています。たとえば「システムのバージョンアップ」について新しい機能と操作方法を1～2分の動画で説明する**「ワンポイント研修」**が可能になりました。フキダシや効果音を入れて楽しく見てもらう工夫をする職員もいて、各自が自由な発想でコンテンツをアップしています。

また日本生命では、**「ＡＩコーチング」を活用した動画のロールプレイング**が活用されています。ＡＩによる判定をもとに顧客へのコンサルティングの練習を重ね、さらに上司や同僚がフィードバックをし、営業部内で共有しています。動画を使ったロールプレイングは以前も行っていましたが、**評価するために関係者が集合してその場で採点していたのが、ＵＭＵ導入後はテクノロジーを活用して、時間や場所を選ばず評価できるようになりました。**

また、「声の明瞭さ」や「表情」といった基本事項はＡＩとの自己練習でクリアできているため、上司や同僚は純粋なコンサルティング内容そのものについて評価や共有ができます。

評価の高かったロールプレイングが共有されれば、営業全体の質も高まります。何より、「ロープレを評価してもらえるプラットフォームがある」ということが、職員のモチベーション向上にもつながります。

また、朝礼で使用する教材をＵＭＵで配信する、「オンライン朝礼」も行なっています。そうすることで、集合することが難しいコロナ禍でも朝礼でコミュニケーションの質を落とさずに、情報共有が行えます。物理的な移動にかかる労力や時間の節約になり、業務の効率化にも貢献しています。

▼学習データをより効果的なマネジメントに活用

情報がUMUに集約されているという点も、効率化に役立っています。かつては研修に関する情報が掲示板や営業職員が見られるボードに掲載されていましたが、情報が集約されていないうえに、さまざまな情報を追加するたびに階層が深くなり、見たい情報がなかなか見つからないという課題がありました。

それが、UMUに情報を集約することで容易にアクセスできるようになったのです。ただし、やみくもに教材や情報をアップすると見つけづらくなってしまいます。そこで、**「2階層ほどで必要な情報にアクセスできるようにする」**など、一定のルールが設けられています。

どこに何があるのか検索しやすく、かつ視覚的にもわかりやすくまとめることは、学習にアクセスするまでのハードルを下げ、学習者のモチベーションを下げないためにとても重要なことです。

また、UMUに情報が一元化されることで、どのコンテンツが多くの営業職員に見られているかをチェックしたり、必要な情報を見ていない人をフォローしたりするなど、**マネジメントの効率化**も実現できました。そうした情報が集積され、マネジメント層で共有されれば、指導やフォローの質を高めることにもつながります。

今後はさらに、学習データをより効果的で効率的な指導につなげるため、**各職員の習熟度や求められるスキルに応じてコースをカスタマイズする、最適なコンテンツをレコメンドする**といった使い方も構想されています。

その一方で、将来的にはＵＭＵでの学習の進み具合を、各営業職員の評価に結びつけていく構想もあるそうです。学習と評価体系を紐づけることによって、学習意欲がさらに高まり、成果につながることが期待されます。

第7章

生産性を高める
スキルアップ・トレーニング

最短距離でスキルアップを実現する学び

学びの「習慣化」と「共有」がポイント

さまざまな業種に応用可能なスキルアップ・トレーニング

パフォーマンス・ラーニングは、従業員のさまざまなスキルアップにも活用できます。「学ぶ」「練習する」「評価・指導する」というステップでスキルを上げ、さらに「仕事に生かす」ことで現場での経験を踏まえてスキルに磨きをかけていきます。

本章で紹介する事例は、顧客へのプレゼンスキルや商品知識の定着、商品購入の提案スキルに関するものですが、そのほかにも、たとえばシステムエンジニアやオペレーターなどの技術的なスキルアップにも応用が可能です。

スキルアップにパフォーマンス・ラーニングを応用した例として、まず、第5章でも紹介したビジネスコンサルタントの事例を見てみましょう。

同社では、**コンテスト形式でプレゼンスキルの高い営業部員のノウハウを抽出し、それを学習コンテンツ化してオンラインで共有できるようにすることで、地域や営業部員によるスキルの差を縮めました。**この取り組みを通して、組織としての「学びの文化」が醸成され、成果に結びついています。

また、営業活動に必要な学習を隙間時間に効率的に行える学習環境の整備の仕方も、多くの企業の参考になります。

case9

ビジネスコンサルタント

ハイパフォーマーのノウハウ共有とオンラインのロープレ大会でスキルを底上げ

▼営業の腕前を競う「ロールプレイングコンテスト」の実施

ビジネスコンサルタントは、第5章で紹介した新入社員研修の成果を受け、さらにUMUを活用した研修を拡充させていきました。

とくに注目すべきは2019年10月に実施された、**全国約200名の営業**

社員による大規模なオンラインの「ロールプレイングコンテスト」です。

以前から、営業のロールプレイングを通じた学び合いやスキルアップは行われていました。しかし、各営業所内での実施に限定され、学び合える社員の範囲が限られていたのです。

その課題を解決するため、オンラインによるロールプレイング大会が実施されたのです。「ロールプレイングコンテスト」では、各営業部員に商材やテーマを割り振り、それに関するロールプレイングの動画をアップしてもらいます。ただし、だれでもアップできるわけではなく、「本戦」の前にクリアすべき課題が設定されました。

その課題のきっかけとなったのが、その頃UMUに実装された、**「AIコーチング」**です。これは、スマートフォンに向かって話すだけで、AIが、話すスピードや声の大きさ、明瞭さ、表情、必須キーワードの使用頻度などを数値化して評価してくれるという当時では画期的なものでした。

営業部の課題として意識されていた「滑舌」を本戦前の課題テーマに設定。**「AIコーチング」の5段階評価で「明瞭さ4・5以上をとること」**を参加資格としました。そのレベルに到達するまで自主練習をし、最初の関門をク

全国約200名が集うオンラインロープレ大会

▶「ロールプレイングコンテスト」コース内容

▶ 本戦に提出されたロールプレイング動画

▶ 決勝戦の動画を商材ごとにUMUに保存して教材化

本戦前に課題を設けることで自主練習を強化。互いのノウハウを評価・共有するだけでなく、上位3位の動画を教材として二次利用した。

リアした人だけが「ロールプレイングコンテスト」に挑戦できるのです。

さらに、アップされた動画を見て、各営業部員が最も評価するロールプレイング動画に投票し、上位3位に入った人を集めて決勝戦が行われます。

AIを活用した自己練習にゲーミフィケーションの要素も盛り込むという工夫がなされた、営業のプレゼンだけでなくあらゆる職種のスキルアップに取り入れたい好事例です。

▼個人のスキルアップから全体のスキル底上げへ

「ロールプレイングコンテスト」の最も大きな成果は、**投票により各部員のスキルやノウハウを比較することで、「ハイパフォーマーは何が違うのか」が明確になり、それを200名近い営業部員全員でシェアできた**ことです。

さらに、上位成績者のロープレ動画は、UMU上の「公開講座ボックス」にまとめて教材化しました。これにより、**ロープレ大会を単なるイベントで終わらせず、教材という会社の財産にすることができます。**

これらの動画は、後輩指導の教材にしたり、自らのスキルアップや振り返りに使ったりと、個々のニーズに合わせて有効活用され、組織全体のスキルアップに貢献しています。

実際、**ハイパフォーマーの動画から学んだキーフレーズを商談で使ったところ、顧客からそれまでにない好感触を得た社員もいるそうです。**UMUに保存した教材は検索しやすく、必要なときにその場でスマートフォンからアクセスできるため、たとえば商談の5分前に動画をチェックして、そのテクニックを即応用する、といったことも可能になります。

ロールプレイングコンテストの開催後、**社員の学習意欲も向上しました。**クライアントの業界ごとに分類されたチーム内で、自発的な情報共有やトレーニングを行いたいという声が出てきたのです。

▼UMU活用によるさらなるパフォーマンスの向上を目指す

ビジネスコンサルタントの教育改革は、現在進行形で続いています。「働き方改革」により時間の制約があるなか、**「無駄なく、最短距離で成果に結びつける」ための改革**に終わりはありません。

今後は、クライアントの購買プロセスを分析することでより効果的な営業方法を模索し、それを学習によって社員に習得させるといった構想もあるそうです。個人のノウハウを共有するだけでなく、「どのような学習をすれば、よりパフォーマンスが上がるか」を分析することで、より効果的なパフォーマンス・ラーニングが可能になります。

また、学習を継続させるための仕掛けとして、**社員のUMU上の学習活動をランキング化し、上位者にはインセンティブを与える**などの工夫も行っています。

そのようにして学びの文化を醸成することで、仕事で成果を出すための**「リスキリング（再教育、再開発）」**を促進し、自ら学ぶ**「自立型人材」**の育成を目指しています。


次に紹介するアステラス製薬では、MR（医薬情報担当者）の意見を取り入れながら作成したマイクロラーニング、記憶を定着させる工夫、毎日の学習習慣づくり、さらには、MRのナレッジを拾い上げて共有するチャネルの構築など、さまざまな取り組みが行われています。

それにより、ピンポイントの研修など「公式の学び」のみならず、日々の「非公式の学び」が充実し、学びの文化が醸成されています。

さらにその先には、個々のMRのニーズに合わせたアダプティブ・ラーニングを見据えており、「学びの先進企業」として今後も注目していきたい企業です。

case10

アステラス製薬

効果的な動機づけとアダプティブ・ラーニングでMRの知識とスキルを高める

企業概要　「先端・信頼の医薬で、世界の人々の健康に貢献する」を経営理念に掲げるアステラス製薬では、おもにMRの個別学習のために、新たな学びの場を構築。設計段階から、MRの働き方と成果への結びつきを意識したさまざまな工夫がなされている。

▼MRへの「アダプティブ・ラーニング」を実現するために

アステラス製薬では、現場で活躍するMRの個別のニーズに対応する**「アダプティブ・ラーニング」**に関する課題を抱えていました。

従来は、月に1回、インストラクターによる研修が実施されていました。インストラクターが主導することで皆が覚えるべき内容を徹底して教えることはできていましたが、それぞれのMRのニーズに合った教育内容をアレンジして個別に提供することは難しく、より柔軟性をもたせるべきだと考えられていたのです。

それぞれのMRは、取り扱う医薬品や医療分野、あるいは担当する病院や医師により求められる知識やスキルが異なります。また、似た領域を扱うMRでも、同じ医薬品を5年間扱っている人と1年しか扱っていない人では、当然、知識やノウハウが異なります。そうした担当領域や経験の差を考えると、一律の学習には限界がありました。

それまでもeラーニングを用いた個人学習が行われていましたが、あくまでも集合研修が中心で、その補完としての位置づけであり、一律の学習であることに違いはありませんでした。

また、eラーニングは体系的な知識を座学で学ぶには適しているものの、「各自が必要な情報を、必要なタイミングで学ぶ」というアダプティブ・ラーニングの理想を実現するには限界があります。

MRの働き方に合わせて、仕事中に手が空いたとき、あるいは訪問前などのちょっとした隙間時間を活用する効率的で柔軟性のある学習スタイルを実現するには、**eラーニングの一歩先を行く「マイクロラーニング」を導入して、「アダプティブ・ラーニング」を実現できる学びの場**が求められていたのです。

そこで、2020年の4月から新しい研修をスタートすることを目標に、2019年の8月頃からさまざまなツールの検討を始めました。その結果、学習者が迷わない操作性や、運営側にとってもカスタマイズしながら短期間にコース設計ができるUMUの「使いやすさ」が評価され、10月にUMUの導入を決めました。

また、学習プラットフォームは一度つくって終わりではなく、3年後、5年後に必ず見直しが必要になります。その際、大幅にシステムをつくり直すよりも、既存のものをカスタマイズしながら柔軟に使えるほうが望ましく、そういった中長期視点からも検討したうえでUMUの導入を決めました。

▼約2800個の動画コンテンツを掲載

2020年10月に導入を決め、翌年4月に運用開始と準備期間が短かったため、まずはコンテンツの数を揃えることに主眼を置きました。一定のカリキュラムや構造を整えたうえで、掲載するコンテンツの目標数を決め、研修担当者が総出で作成していきました。その後もコンテンツを増やし、運用開始から1年が経過した2021年5月時点で、約500個の学習コースと約2800個の動画の学習コンテンツが整備されています。

コースの構造設計のベースとなったのは、**学習者であるMRにとって「何が必要なのか」**という発想です。たとえば最初の段階では、「事前準備」や「患者像を知る」「治療方針を理解する」などの項目が挙げられています。そこから「処方についての提案」「フォロー」「メディカルスタッフ（医療従事者）への対応」など、各段階に応じた学びが提供されています。**基礎レベルから標準レベル、さらには応用レベルまで、構造化して体系的なコースを設計することで、より実践的な学びの環境を提供することができます。**

また、MRにとって「何が必要なのか」をより深く知るため、MRと研修担当者がワーキングチームをつくり、必要なコンテンツや仕組みをディスカッションする機会も設けました。**MRからのアイデアがヒントとなってつくられ、非常に好評だったコースもあり、研修の主体であるMRの声を取り入**

れ、反映していくことの重要性が改めて認識されました。

▼学習効果を上げるための2つの動機づけ

アステラス製薬では、**学びの「動機づけ」**にも力を入れています。どれほど立派なシステムを整備したとしても、忙しい社会人は動機がなければ積極的に学びません。そこで、学ぶモチベーションを維持するための仕組みを用意しました。

同社では、2つの動機づけを設定しました。そのひとつが、その日に面談する顧客への情報提供のために事前に確認しておくなど、**仕事で必要だから学ぶという「活動における必要性」**です。もうひとつは**自分の強みや弱みを客観的に把握し、よりスキルアップするための「成長における必要性」**です。

この2つの動機づけをもとに**知識習得と活用練習、そして現場での習熟を経て学びを定着させ、さらに行動変容を促す。**まさに、パフォーマンス・トレーニングを実現するための学習デザインがなされています。

「成長における必要性」を感じてもらう取り組みのひとつとして、**「Daily QA」**と題して、毎日、業務に関連する問題を10問ずつ配信しています。

知識とスキルを向上させるための学習デザイン

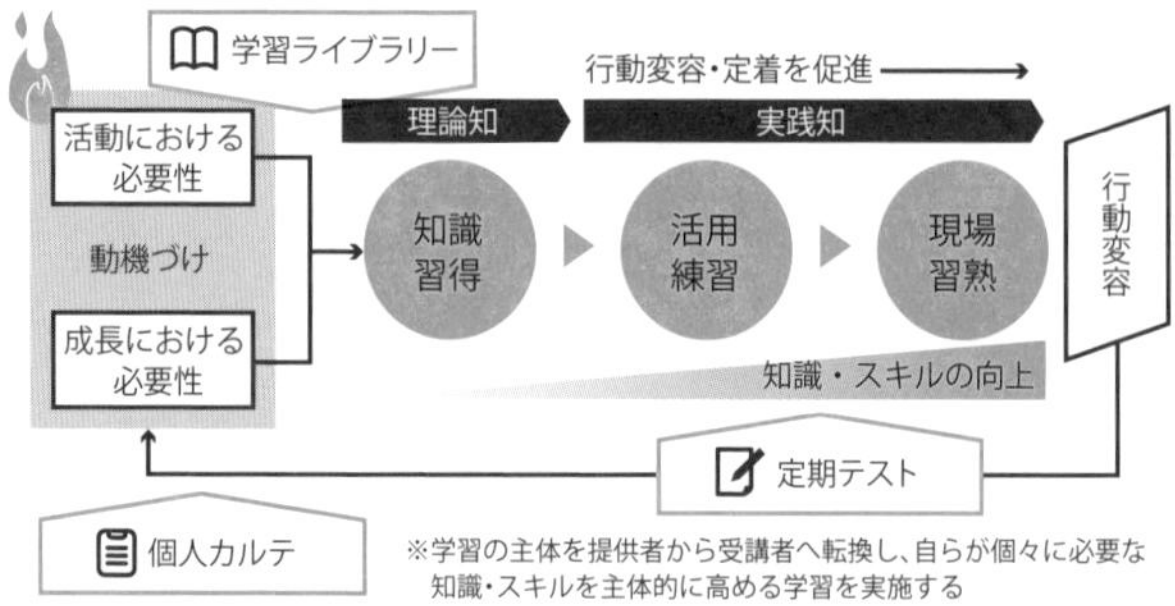

2つの方向から動機づけを行い、学び、練習し、現場実践を行いながら理論知を実践知に高め、定期テストで学習の成果をフィードバックする。

また、**その10問を解いて終わりではなく、ほかのコンテンツへ誘導する仕掛けも用意することで、「Daily QA」が毎日の学習の足がかりとなる**ように設計しています。

さらに、半年に1回、「定期テスト」を実施して毎日の学習の成果を測っています。

定期テストの結果をそのまま各自の評価と紐づけることはしていませんが、試験内容が製品の用法用量、禁忌、使用上の注意など、正しく理解できなければMRの仕事ができない内容ばかりのため、試験結果はシビアに判断されます。

業務上の必須事項を毎日の学習と

半年に1回の試験という短期・中長期の学習で確実に定着させ、MRのスキルと知識の向上につなげているのです。

▼6〜7割のMRが毎日UMUにログイン

また、UMU上に**「MRチャネル」**を設定し、各営業所やチーム、個人が取り組んでいる内容を投稿できるようにしました。日々のMR活動における取り組み、営業所での勉強会やロールプレイングの工夫などを「MRチャネル」に随時アップできるため、いつでもノウハウの共有ができるようになりました。

これにより、今、身につけたいテーマに関する動画を繰り返し見る、営業所での勉強会やロールプレイングをより実践的・効率的に行うためのポイントを見るなど、**MRチャネルに集約されたコンテンツの中から各自が必要なものを必要なときに学べるアダプティブ・ラーニングの仕組み**ができました。

これらの取り組みは、想定以上の効果を生み出しました。

UMUを活用した新たな学習の仕組みに対するMRからの評判は非常によく、「使いやすい」「学びやすい」という声も聞かれます。

また、**毎日ＵＭＵにログインしている人がＭＲ全体の６〜７割と非常に高く、「学習の習慣化」という行動変容のためのファーストステップが実現されつつあります。**

今後は、学習習慣の定着度を確認しながら改善につなげていくことが求められます。

また、学習コースの数を充実させる一方で、自主学習を促すために、コンテンツへのアクセスのしやすさにも配慮しなくてはなりません。そのためには、検索性を高めると同時に、おすすめのコンテンツを提案するレコメンド機能も求められます。

さらに、現場からも、ほかのＭＲがどのような学習をし、それをどう生かしているのかを知りたいとのニーズが大きいため、２０２１年にＵＭＵに実装された**「ラーニングサークル」**のような学びの輪を、社内でもより充実させていくことも求められます。

企業のブランディングを社員一人ひとりが体現し、付加価値を顧客に提供できる組織の構築は、一方通行の教育では不可能です。その点、トリンプ・インターナショナル・ジャパンのファッションアドバイザー（販売スタッフ）教育は、**スタッフ一人ひとりに寄り添った教育とフォローが必要であること**を証明している好例です。

また、その実行のために効果的にテクノロジーを利用している点や、学習を通して「学び合いの文化」づくりと従業員同士の「つながり」を強化した点、「今、学んでほしいこと」をわかりやすくガイドする工夫も、多くの企業の参考になります。

case11

トリンプ・インターナショナル・ジャパン

学びを通して一貫性のあるサービスとエンゲージメントの向上を目指す

企業概要

スイスに本社を持つトリンプ・インターナショナル・ジャパン（以下トリンプ）は、長年、女性に向けたランジェリーの生産・販売を手がけてきた。全国の地域ごと、店舗ごとに行われていた営業部員やファッションアドバイザー向けのトレーニングとこれまで集合研修で行っていたトレーニングに一貫性を持たせるため、2019年よりUMUを使った研修のオンライン化を進めている。

▼一貫した理念とサービスを浸透させるために

トリンプでは、以前から、各地域や店舗にトレーナーを派遣して約2000名のファッションアドバイザーを対象に行う社内研修の仕組みができていました。その背景には、「お客様へ最高のお買い物体験をご提供したい」、また「肌に直接触れるランジェリーを扱っている以上、商品知識はもちろん、女性の体やファッションに関するより深い知識とサービスが欠かせない」という思いがありました。

しかし、トレーニング体制はできていたものの、その中身にはいくつか課題がありました。

たとえば、半年ごとに新製品に関するトレーニングが実施されていましたが、商品の特徴に関する情報共有がメインであり、販売サービスのスキルアップトレーニングは一部に留まっていました。

実際に、2019年にどのようなトレーニングが提供されていたのかを調査・分析したところ、スキルアップのためのトレーニングが研修全体の約2割しか行われていないことがわかりました。

また、中途社員向けの集合研修はありましたが、20年、30年と長く勤めるファッションアドバイザーがさらなるスキルアップを目的としたトレーニングを受けられる機会はありませんでした。そのため、勤続年数が長いスタッフほど自己流の接客になりがちで、「トリンプとしてのサービス」が十分に浸透していないのではないかという懸念があったのです。

実際に、ファッションアドバイザーが顧客にベストな接客をしたと自負していても、VOC（Voice of Customer）から分析したところ、顧客の求めるサービスと齟齬《そご》があることもありました。

自己流の接客が生むその「ずれ」が、顧客の満足度の低下やクレームにつながることもあるため、**「トリンプとしてのより一貫性のあるサービスのあり方」を皆が学べる場**が必要だと考えられていました。

また、トリンプの場合、「デパートチャネル」「GMS（総合スーパー）チャネル」「直営店チャネル」という大きく3つの販売チャネルがあり、それぞれ立地や客層も異なります。それぞれの店舗に望ましいサービスは提供されてきましたが、ここでもやはり、トリンプとしての一貫性のあるサービスの共有が十分にできていないのではないかという課題がありました。

このような勤続年数や地域・店舗ごとのサービスのばらつきをなくすため、

一貫性のある「トリンプの理念」「トリンプとしてのベストサービス」を、全国すべてのファッションアドバイザーに浸透させるための新しいトレーニングのあり方が模索されていたのです。

具体的には、**オンライン学習も取り入れた定期的なトレーニングを可能にし、各ファッションアドバイザーが必要なことを、いつでも、どこでも、タイムリーに振り返ることができる学習ツール**が求められていました。また、ファッションアドバイザーが自ら進んで学べるよう、手軽に楽しく参加できることも重視され、それらすべてをクリアできるツールとしてUMUの導入が決まりました。

▼メッセージ配信や行動計画の共有でエンゲージメントが向上

トリンプでは、学習コンテンツの整備とともに、ファッションアドバイザーやバックオフィスの全従業員とのコミュニケーションを深めてエンゲージメントを高める工夫もされています。

2019年10月からスタートしたUMUの利用は、まず営業スタッフへのアカウント付与から始まり、2020年からは全国のファッションアドバイザーに拡大。社長から会社の理念や今後の戦略、従業員へのメッセージを伝えるビデオレターを定期的に配信し続けました。

その後、新型コロナウイルスの影響が出始め、2020年4月からは店舗での接客に変化が生まれ、休業せざるを得ない店舗も出てきました。そんななかでも、社長からの「日々の出勤・接客への感謝」のメッセージや、各部署からマインドケアの方法や自宅待機中の過ごし方を配信したりすることで、**従業員同士の接点を持ち続け、安心感を与える努力**を続けました。

これに対して、ファッションアドバイザーから労いへの感謝や「いつでもつながっている気持ちになれる」など、多くのポジティブな意見やフィードバックが寄せられました。**コミュニケーションを重視した学習プラットフォームの活用が、コロナ禍でも従業員のエンゲージメントを高めることにつながった**のです。

週ごとの行動計画とともに配信される各チャネルヘッドからのメッセージでは、前週の目標に対するレビューや、それを踏まえたその週のキーとなる数値や行動の目標が共有されています。それに対して各店舗からも「前週のよかった点、改善すべき点」を、UMUのノート機能を使って投稿してもらっています。投稿されたノートには、全営業スタッフがひとつずつ丁寧にフィードバックをし、さらに他の部署や店舗の従業員も自分の意見を返信しています。

毎週数百ものノートが提出され、同じ行動計画を共有しながら皆で学び合う相互ラーニングの文化が生まれています。

▼相互コミュニケーションを拡大し、学び合う文化をつくる

UMUを通した「つながり」は、営業部門やファッションアドバイザーだけでなく、普段は直接的なコンタクトのないデリバリーセンターなどのバックオフィス部門も含めて全社に拡大されています。

2021年度からはバックオフィスの全従業員にもUMUのアカウントが付与され、すべての部門が販売スタッフとつながることによって、**組織を超えたコミュニケーション、エンゲージメント**が醸成されています。

さらにマーケティング部の主導の下「ランジェリーに関するエピソードの募集」や、新商品に関するレビューを集めるなど、**マーケティングの観点からも店舗とバックオフィスとのコミュニケーションが活性化**しています。

こういった「皆で学び合う」土台ができたことで、**ファッションアドバイザーへのトレーニングに関して、トレーナー以外のスタッフもトレーニングに責任を持つ**という意識ができつつあります。

▼「クローズアップ」のコーナーでタイムリーな情報提供を

トリンプでは、よりタイムリーな学びを提供するための工夫もされています。

新入社員が学ぶべき基礎知識から、プロフェッショナルの接客スキルまで、いつでも学習できるオープンな体制をつくることも大切ですが、一方で、新製品に関する情報やプロモーションなど、**今、知ってほしいことや、振り返ってほしいことをアナウンスするタイムリーな教育**も求められます。

経営陣からの定期的な戦略とメッセージの配信によるコミュニケーションに加え、「クローズアップ」というコーナーを用意し、そこに新製品に関する情報やプロモーション内容などをアップしました。

適切なタイミングでアクセスしてもらえるよう、バナーを活用するなどして目につきやすい工夫をし、今必要なことを全員が同時に学べる仕組みが構

メッセージ配信と「クローズアップ」コーナー

経営陣から戦略とメッセージを定期的に配信。またタイムリーに把握してほしいコンテンツは「クローズアップ」コーナーにまとめた。

築できました。

この「クローズアップ」コーナーについては、「学ぶべき情報がわかりやすい」という声が上がっています。

また、プロモーションカレンダーもUMU上に載せ、プロモーションに合わせた新しい情報を重点的に学んでもらうことで、スムーズで丁寧な接客にもつなげています。

今後は、こうした仕組みを活用しながら、さらに現場からの発信もしやすい環境を整えるため、タブレットなどのデバイスを普及させるなど、どの店舗からもUMU

を使える環境準備を進めていきたいと計画しています。

トリンプでは、UMUが「Triumph-UMU《トリンプユーム》」と呼ばれるなど、従業員をつなぐプラットフォームとして認識されています。

今後のさらなる活用によって**従業員同士のコミュニケーションの広がりや、トレーニングの質の向上**などが期待されます。

第8章

スピード×効果×スケールを実現する研修設計

生産性を向上し変化に適応する研修設計

全社一丸となった戦略的な人材育成が必要です

効果と効率を両立させ、従業員の成長をサポート

人を育てる研修の改革は、一筋縄ではいきません。しかし、本書の初めにもお話ししたように、**「組織の学び」を変えずに現状維持を続けていたら、組織の力を後退させることになりかねません。**

研修を改革させる方法は、ここまでにも紹介してきたように、多種多様にあります。その背景に共通してあるのは、**テクノロジーや教育学を活用した研修戦略と、良質なコンテンツ、そして、人材育成担当者の熱い想いやビジョン**です。

本章の初めに紹介する島津製作所では、コロナ禍で急遽、研修のオンライン化を迫られ

ました。**超短期間の研修設計の中で、テクノロジーを用いて効率を高めながらも、研修本来の目的を見失わず、その目的に合った最適なツールを選択しています。**

対面式の集合研修からオンライン型に切り替える手間や、その効果に不安を感じて一歩踏み出せない企業にとっても、非常に参考になる考え方と運用ノウハウが詰まっています。

case12

島津製作所

決定から2週間で深い学び合いができる効果的なオンライン研修を設計

企業概要　「科学技術で社会に貢献する」を社是として掲げ、分析計測機器・医用機器・航空機器・産業機器など、幅広い製品を手がける。同社では、2018年秋ごろから双方向学習ができるeラーニングの導入を検討。その後、新型コロナウイルスの影響もあり、2020年4月からUMUの運用を開始。超短期間で新人研修のオンライン化を実現した。

▼新入社員全員にiPadを貸与し、「研修のDX」に踏み切る

島津製作所では、2020年よりも前からUMUをはじめとするオンライン学習ツールに関する情報収集が行われていました。

UMUに関しては、マニュアルがなくても使える操作性や、インタラクティブな学びを提供できる点、社内のシステムを使わなくても運用できる点に魅力を感じていたものの、個人のパソコンやスマートフォンからもアクセス可能であることから、セキュリティ面でハードルがあり、導入にはいたっていませんでした。

しかし、2020年の新型コロナウイルスの感染拡大を受け、対面での新入社員研修の実施が困難になったことから、急遽、UMUの導入を決定しました。

研修に限らず、多くの企業では、業務におけるDX（デジタル・トランスフォーメーション）が急務となっています。**「研修・社内学習のDX」**もそのひとつですが、オンラインツールを導入するにあたって、セキュリティ面の懸念を抱えている企業は少なくありません。

会社のシステムと切り離して運用するとしても、研修や業務に関する内容を個人のデバイスで取り扱うのは難しいと判断されることが多く、また、研修を受ける社員側のデバイスのばらつきなど、環境整備が課題になることもあります。

島津製作所では、2020年度についてはすべての新入社員に対してiPadを貸与することで、これらの課題をクリアしました。

▼導入決定から2週間で、「走りながら」組み立てていく

2020年の4月1日からUMUを使った新入社員研修を開始すると決定したのは3月の2週目でした。わずかな時間の中で、社内の日程調整も行いながらオンラインでの研修体制を整備しなければならず、当然、多くの課題がありました。

それでも、時間がないからといって研修のオンライン化を諦めるわけにはいきません。

そこで、**従来の集合研修でも取り扱っていた人事制度やコンプライアンスに関連する内容の動画など、基本的な学習内容を4月1日までに用意してスタートし、その後は「走りながら」次々にコンテンツをアップしていくことにしました。**

初期のオンライン研修の環境整備にかけられる時間は、1週間ほどしかなかったため、UMUの担当者がほぼつきっきりでサポートしながら、コンテ

検討からUMU導入、実施までのスケジュール

2018年秋	2020年3月第1週	第2週	第3週以降	4月1日	4月中
		導入決定から2週間			
eラーニング検討	UMU導入検討	意思決定	環境構築	研修開始	コンテンツをつくりながら研修実施
	新人研修オンライン化が急務に		UMUと毎日オンラインミーティング実施		

導入決定から実施までの2週間の間、毎日ミーティングを重ね、初期コンテンツを用意。その後は「走りながら」運用していった。

ンツのつくり方や見せ方などを工夫しつつ、少しずつコンテンツを組み上げていきました。

また、4月の2週目以降は新入社員が出社することも想定して研修を計画していましたが、2週目以降も自宅待機となったため、フルオンラインに移行すべく、4月に入ってからもさらにつくり込みが行われていきました。

一定のフレームを持ちながらもコースやプログラムを自由につくれるUMUの「適度な自由度」が、このような短期間の研修設計と運用しながらのつくり込みを実現したといえます。

▼「学びを止めない」ための効率化と最適化

短期間でオンライン研修を組み立てていく中で重要視されたのは、「学びを止めない」ということです。

「2020年度入社の新入社員だけが満足な研修を受けられなかった」といったことがないように、時間のない中でも例年より質を落とさない研修設計を目指しました。

たとえば、**これまで講義で伝えていた内容など、「説明を聞けばわかることはすべて動画にする」と決めて効率化した一方で、それぞれのテーマを「何のために学ぶのか」まで立ち返り、その狙いを達成するためにはどのようなコンテンツで見せればよいのかを熟慮しました。**

たとえば、UMU上でコンテンツを見てコメントを書き合うのがよいのか、Zoomで顔を合わせて話し合ったほうがよいか、あるいは個人学習とオンラインで集合する研修のどちらが適切か、といった点を検討しました。

例年の対面研修から大きく変更したのは、クラス制で運営したことです。

約120名の新入社員を4クラスに分け、各クラスに人材開発室のスタッフを1名ずつ担任としてつけました。さらに各クラスを5〜6名のチームに分け、運営しました。

クラス制にしたのは、リモートでも担任・事務局や同期とのつながりを強化しながら、深い学び合いができるようにするためです。

また、従来の新入社員研修よりも自己学習やグループワークの時間を多く配分することで、より主体的に深い学びができる設計にしました。

島津製作所の新入社員研修では、自社の事業内容について調べたり、従業員にインタビューしたりしながら、たとえば「高齢化社会」などの社会課題を島津製作所の技術や事業によってどのように解決できるかを自分たちで導き出し、グループで発表するプログラムがあります。

対話はZoomで行い、画面共有やUMUのディスカッション機能も活用しながら互いの意見を共有しました。グループでまとめた内容は音声スライドや図説を使ってUMU上に提出し、ほかのグループが提出した内容を閲覧できるようにして、各グループへの投票を実施。フルオンラインで実施しましたが、さまざまなツールを活用することで、例年と同等の研修を行うことができました。

▼より効果的なオンライン研修の活用へ

前年度までは対面で行っていた研修を短期間でフルオンラインへと移行するのにはやはり不安もあったそうですが、実際に行ってみると、問題なく運用できたとのことでした。

オンライン講義では、資料をUMUで配布・保存しつつ、実際のレクチャーはZoomも活用し、Q&Aはコメント機能を使って行う。オンラインでは難しいと思われる数人単位でのちょっとしたコミュニケーションは、Zoomのブレイクアウトルーム（少人数のグループに分けたミーティング機能）を活用する。そのような複数ツールの並行活用によって、グループや個人での研修・ワークを滞りなく実施しています。

集合研修ではどうしても「教える・教えられる」関係になりがちですが、UMUを使ったオンライン研修にしたことで、テストやレポートなど、理解を定着させるためのアウトプットに時間をかけられるようになりました。

また、入社早々、在宅勤務になった新入社員が不安にならないよう、十分なコミュニケーションをとることを意識した結果、新入社員からは、在宅であっても安心してしっかりとした内容の研修を受けられたなど、ポジティブな反応が寄せられています。

一方で、島津製作所の社風を肌で感じ、会社に馴染むという点では、実際に人と会って話すなど、社員間でのふれあいが欠かせないという気づきもありました。

そのあたりは、リアルの研修とオンライン研修とのバランスを考慮した対応が求められます。

今後はさらに、オンライン研修のノウハウや知見を活用しながら、より効果的な研修の設計を目指します。


次に、第6章でも紹介したマイナビのほかの事業本部の事例を見ていきましょう。

学び方の変革は、「チェンジマインド」を伴います。アナウンスなくいきなり導入すれば、社内の抵抗も生まれます。

その変化への流れをスムーズに行うためにマイナビの転職情報事業本部が行ったUMUを紹介するための段階的な社内告知は、多くの企業に今すぐ取り入れることができる好例です。

case13

マイナビ（転職情報事業本部）

電子チラシにてUMUの魅力を社内告知 スマホを使った動画共有が積極的に活用される

企業概要　マイナビの「転職情報事業本部」では、社内学習の最適化を模索。さまざまなツールを比較検討した結果、相互学習の機能が充実したUMUの導入を決定。2020年度の新人研修から活用をスタートし、営業現場でのフル活用を目指す。

▼営業活動を支援できる研修体制の整備を進める

マイナビの転職情報事業本部では、当時、社内のさまざまな研修が「点」で実施されており、研修前後のフォロー体制が十分でなく、教育が体系化されていないという課題がありました。商談に関する事例集やテレアポのトークスクリプトなど営業部員が活用できる資料はありましたが、いつでもだれでも共有できるものではなかったのです。

そういった課題を解決し、全国の営業現場におけるノウハウや知識共有を進めるため、研修のあり方を変えていく必要がありました。

具体的には、**各エリアや個人のニーズに対応でき、時間や場所の制約を受**

けずに学べる。属人的ではなく営業部全体で情報を共有できる。そんな、日々の営業活動を根本から支えるオンライン学習ができるツールが求められていました。

たとえば、商談のロールプレイング動画や提案内容の説明動画など、営業活動に役立つ情報共有がオンラインで行えれば、個人の能力差や営業所ごとの育成の差を縮めることができ、組織全体の生産性向上が期待できます。

▼導入前の1か月間に「電子チラシ」でUMUの魅力を段階的に告知

いくつかのオンライン学習ツールを検討したなかで、2020年春にUMUの導入が決まりました。とくにUI（ユーザーインターフェイス）やUX（ユーザーエクスペリエンス）がよい点や、従来のeラーニングのような決められたコース学習でなく自由に設計ができるところ、テキストや動画だけでなくテストやアンケートなど幅広いコンテンツがあることが評価されました。また、多くの営業部員を抱えることから、スマートフォンのアプリで場所や時間に左右されずに学べる点もニーズにマッチしていました。

しかし、それまでにもオンライン学習ツールは採用していたため、「今ま

UMUの魅力を伝える電子チラシを配布

UMU導入の背景や、学習シーンのイメージ、動画やアンケート、AIコーチングなどのUMUの機能を画像も交えながらわかりやすく伝えた。

でと同じようなeラーニングだろう」という先入観を抱かれ、興味を持ってもらえないおそれもありました。

　そこで、4月の新入社員研修での導入に向け、半ば駆け足ではありましたが、研修設計と並行して約1か月間、**UMUを積極的に活用してもらうために社内告知**を行いました。具体的には、**UMUの特徴的な機能や活用法をわかりやすく伝える「電子チラシ」を作成し、社内SNSやメールで複数回に分けて発信したのです。**

　実際に導入してみたところ、

デジタルデバイスやSNSに子どもの頃から慣れ親しんできた2020年の新入社員は、UMUを使いこなしており、リモートの環境でも新入社員からのアウトプットができているという感触は得られています。

また、**営業部員のための商談のロールプレイング動画や商品の提案内容を説明する動画**なども活用されています。事業部全体に若い社員が多いことから、動画コンテンツに対する関心は高く、見るだけでなく自ら配信することもさほど抵抗なくできます。そのため、リモートワーク中に営業ノウハウを動画やTips記事としてUMU内で共有し、積極的に活用する動きも自然と生まれました。

▼より中長期的な視点で、主体的な学びの促進を

もちろんUMUを導入しただけで、研修に対する社員の主体性を十分に引き出せたわけではありません。

「とても勉強になります」と積極的に活用する社員がいる一方で、いまだ「新入社員研修のツール」と思われているなど、全社員にUMUの活用イメージが浸透していない部分もあります。

振り返ってみると、UMUの使い方は告知できたものの、**「なぜこのツールを導入したのか」「このツールによって何を実現したいのか」**といった、より大きなビジョンを、時間をかけて伝える必要もあったと感じているそうです。

今後目指すのは、より多くの社員が主体性をもって自らのノウハウを発信していくことです。

それも、**個々人が自由に発信するだけでなく、時期ごとに重要なキャンペーンや注力商材、あるいは採用活動にプラスになる情報など、体系的な情報共有ができる**のが理想です。

また、月ごとの受注件数や売上の向上など短期的な視点だけでなく、スキルアップなど中長期的な視点での生産性向上も考慮する必要があります。人材開発の担当者としては、業務上の学びの先にある、各社員の資格取得などのキャリア形成や多様な働き方にまでアプローチし、将来を見据えた成長意欲の醸成・促進に役立てたいというイメージを描いています。

社内研修を改革し、成果につなげていくためには、**人材育成担当者だけでなく、経営層や現場のマネージャーまで、「社内の巻き込み」を意識しながら進める**ことが非常に重要です。

また同時に、**人材育成担当者も、社内の生産性向上を常に意識し、研修のプログラム開発を研修会社に任せきりにするのではなく、研修設計のスキルを高めて、生産性向上に主体的、かつ戦略的に関わっていく**必要があります。

本章の締めくくりに紹介するのは、ワコールでの人材育成改革です。創業者の想いをもとに、研修改革の方向性と具体策を明確に提示しながら、現場から経営層までを巻き込んだ全社的な人材育成プラットフォームとしての運用につなげました。

業務効率化と生産性向上を目指しながらも、「学び続ける大切さ」を重視して主体的な学びと従業員の成長を促すプログラム開発、また当社が目指す人材育成の狙いを実現するための研修設計は、**人材育成をワンランク上に引き上げる**という点において多くの企業の手本となる事例です。

case14

ワコール

社員の多様な学びの機会を拡充、主体的かつ継続的に学び続け、成長できる組織をつくる

企業概要　インナーウェアを中心とした繊維製品の製造・卸売・販売を主軸とし、グループとして世界約50か国で展開。2019年春からは、人材育成体系の見直しに伴い、全社のラーニングプラットフォームとしてUMUを導入。新入社員研修からマネジメント層向け研修まで、幅広く活用している。

▼創業者の想いを受け継ぐ「WACOAL TERAKOYA」

人材開発課長として採用、育成、配置異動、ダイバーシティ&インクルージョンを担当している沢村麻衣子さんは、ワコールに新卒で入社後、一度退社し、他社への転職を経て再入社しています。当時は指名制の対面・集合型で行う階層別研修を中心に、外部の人材育成会社に研修プログラムの企画開発を委託する研修が多かったそうです。主となる階層別研修は、期待役割の認識やマインドセットがメインとなり、会社の決めたタイミングで画一的な内容を受講してもらうことが前提でした。

しかし、同じ年次や職種でも、個々の社員の成長スピードや学びに対するニーズは異なるため、学びたい内容やタイミングはさまざまです。そこで、より多様なプログラムの展開を実現するために、異業種における社外人材との他流試合や合同研修の実施、社内ナレッジ・ノウハウの伝承、組織開発などを目的とした社内講師による研修の内製化も拡充したいと考えました。

このような現状、課題認識をもとに、沢村さんは、「WACOAL TERAKOYA」と題し、育成体系の再構築を始めました。

再構築にあたっては、現状の研修プログラムの意図や背景、受講者の評価などを調べて研修の効果を評価すると同時に、創業者の人材育成に対する想いを反映することを重視しました。そのため、沢村さんは資料室の担当者に協力を求め、社内報、書籍、リリース資料など、創業者・塚本幸一氏に関するあらゆる文献を集め、入念に調べました。

その中でたどり着いたのが、昭和54年に書かれた『ワコールの基本精神社員育成のために』という資料にある、「より良きワコールはより良き社員によって造られます」という創業者の言葉です。

「ひとりひとりが自覚をもって、自主的に行動し、常により良くあらんと切磋琢磨し精進努力してほしい」
「自立した社員が、助け合い、励まし合い、鍛え合って、より強く連帯していってこそ、相互信頼の心情で結ばれた真の人間集団としてのワコールを造り出すことができる」

これらの言葉に触れたとき、「これこそがWACOAL TERAKOYAが目指すべき姿だ」と感じたそうです。

▼ビジョン、ミッション、プリンシパルを明文化

一人ひとりの社員が知識、スキル、能力の向上に励み、可能性を広げながら、互いに啓発し合い連帯していくことで、本当の意味での自律した組織になる。塚本幸一氏の目指した**「相互信頼の信条で結ばれた真の人間集団」**は、働き方やキャリア形成が多様化した現代にも通じる普遍的な理念です。

その創業者の想いを受け継ぎつつ、WACOAL TERAKOYAでは、人材育成の**ビジョン（実現したい姿）**、**ミッション（使命）**、**プリンシパル（原理**

ビジョン、ミッション、プリンシパル

2. WACOAL TERAKOYAについて

Vision

経営理念を具現化できる自律革新型人材の育成と人が育つ風土醸成

Mission

- □ 社員のキャリア形成·能力開発·学ぶ意欲を高める機会の提供
- □ 個人と組織の両軸で新たな価値創造を促進

Principal

- □ 基本を大切に、実学と道学のバランスを考えた研修の実施
- □ 継続的に自己研鑽に取り組み、自ら手を挙げた人に研修参加の機会を提供
- □ 研修受講履歴や自己啓発の取組みを、各人のキャリア形成に活かすことでキャリア自律を促進

※キャリア自律とは…めまぐるしく変化する環境の中で、自らのキャリア構築と継続的学習に積極的に取り組む生涯にわたるコミットメント

4

「価値創造」「自己研鑽」「自律」といった言葉を用いて、WACOAL TERAKOYAの目指すべき姿を明確にした。

原則）を明確に定めました。そして、それを体現するためのスキームとしての企業内大学のような学びの場を構想しました。

　具体的な研修体系は、役割・資格の変化に伴う「階層別研修」、社内外で通用する「ビジネススキル」、社内の知識継承・組織開発を目的とする「ワコールアカデミー」、グローバル人材を育成するための「Global Talent Development」、主体的な能力開発・自己研鑽を支援する「セルフラーニング」という5つの柱から成り立っています。

　また、人材開発のベースとして、

次の5つの点を重視しています。

- 機会：各々の適切なタイミングで、必要な学習内容を自ら選択
- スタンス：階層別研修以外は基本的に手挙げ制を拡充
- 学習内容：アウトプット中心、実践型で業務活用度を高める
- 形式：異業種の社員も含めた多様な学び方で実施
- 実施方法：「社内講師の育成」と「社内ナレッジ共有」のため研修内製化の拡充

▼多様なラーニングの機会をプラットフォームで加速

沢村さん自身、他社に転職するなど多様なキャリアを経てから再入社していることもあり、社員のキャリア形成や学びたいテーマの多様化に対応できる研修体系にアップデートしたいという思いが強くあったそうです。

具体的には、学習内容の選択肢を増やすだけでなく、**その時点での個々の成長速度やモチベーションに応じた多様なコンテンツの提供、テレワークによる通勤時間の削減で捻出できる隙間時間活用のための学び方の拡充**を目指

しました。

一方、限られた人員数で多数のプログラムを同時進行で展開していくためには、**コースを柔軟にカスタマイズでき、かつ手軽にワンストップで管理できる**必要がありました。そのニーズにUMUがマッチしたのです。

現在は、沢村さんを中心に課のメンバーで、「内定者用」「新入社員用」「キャリア入社社員用」「トレーナー用」「管理職用」「セルフラーニング用」など、10以上のアカウントを使い分けながら、各学習コースをひとつのプラットフォームの中で運用、管理しています。

新入社員から管理職層まで、また内勤職から店頭に立つビューティーアドバイザー向けのプログラムまで、多種多様なコースの提供が同時にスピーディに実現できています。

▼学ぶ意欲を引き出し、主体的に学び続ける組織風土づくり

新卒やキャリア採用で入社してくる社員に対しては、**学んでいく「プロセス」**を重視しています。最初の段階で、会社や組織の全体像、ワコールの事業領域の全体像、そして人事制度や人材育成の全体像などを提示します。

そのうえで、所属する事業領域や担当する職務に応じて内容をピックアップして学べるようなコンテンツを用意しています。

もちろん、働き方改革や生産性向上が推進されるなか、**「業務への活用度が高い研修」**を提供することも意識して設計しています。

ただし「研修で学んだ内容をすぐに業務に直結させなくては」といったプレッシャーだけでは学びは継続できません。「今すぐ業務で使えるものだけが学びではない」という余裕を持ちながら、リベラルアーツも含めた「新たな気づきが楽しい」と感じてもらえる研修企画も大切にしています。

また、目まぐるしく変化する時代において、スキルや知識が陳腐化する速度も加速しているため、学び直しやリスキルを啓発していくことも重要だと考えています。

そのため、社内イントラネットに**「学び・キャリア」というコーナーを設け、受講者に好評だった研修情報や学習者の学びの共有など、研修やキャリア開発に関する内容を定期的に発信**しています。社員が学んだ内容や成長している様子を発信することで、「毎日忙しそうなのに、研修にも参加しているんだ」「MVPを獲るなんてすごいね」といった会話が社員の間で交わされ、組織内コミュニケーションが活性化し、互いに刺激を与え合うことで、学び続ける組織風土を醸成することが狙いです。

創業者が目指した**「励まし合い」「鍛え合う」組織**に近づけるよう、これからも人材育成プログラムのアップデートを続けていきます。

また、学ぶことに対して貪欲で前向きな社員ほど、自身のキャリア形成に対するオーナーシップ（主体性）も高い傾向があり、**社内公募やジョブチャレンジの手挙げ率も年々高まっています**。

「人生100年時代、いつのタイミングでも、学ぶことに遅すぎることはない」という考えのもと、今後も、社員一人ひとりの成長につながる学びを後押しすることを目指します。

おわりに　変化に適応し成長するための「学びの改革」を

――成長速度を早める企業内学習へ

企業を取り巻く環境は大きく変わっています。コロナ禍では対面で実施できることが制限され、テクノロジーの活用が急務になりました。また、それ以前からも、先行きが不透明な「VUCA：Volatility（変動性）、Uncertainty（不確実性）、Complexity（複雑性）、Ambiguity（曖昧性）」の時代が訪れていると言われ、さまざまな変化が生じています。

このように、目まぐるしく環境が変化する時代において、私たちに求められているのは、変化する状況に適応することです。**変化に適応できてこそ、企業も個人も持続的に成長し、生き残ることができるのです。**

では、どうすれば変化に適応できるようになるのでしょうか。そのためのヒントが、本書で提示してきた「パフォーマンス・ラーニング」の土台である、「学び」にあります。学び続けることこそ、変化に適応するための基礎となるのです。

私たちは、コロナ禍のさまざまな変化を通して学んできました。そんななか、変化にいち早く適応し、リモートワークやリモートセールスなどの新たな試みをしている企業とそうでない企業の差が出始めています。また、個人でも、これまでとは働き方が大きく変わることを見越して、新しい知識やノウハウの習得に尽力している人もいることでしょう。

ただし、変化する環境に適応するためには、新しいものを取り入れ、知識やノウハウを得るだけでは不十分です。**学ぶだけでなく、いち早く「知っている」を「できる」に変え、成長速度を早める**ことが不可欠です。

これまでの研修のすべてを一気に変える必要はありません。効果的な学びや練習の機会をつくる、あるいは評価・指導、そして現場実践へとつなげる仕組みを導入するなど、まずはできることから始めてみてください。そこから試行錯誤を繰り返して学習環境を整えていけばいいのです。**肝心なのは、今すぐ、最初の一歩を踏み出すことです。**

──会社一丸となって「学びの改革」を進める

パフォーマンス・ラーニングを実現するには、**人材育成の担当者だけでなく、会社が一丸となって「学びの改革」をする**ことが大切です。

今後、企業の経営者は、よりいっそう人材のリソースを有効活用していくことが求められます。日本では労働力人口の減少に伴い、優秀な人材の獲得競争が加熱しています。優秀な人材の確保に頼り過ぎず、**学びを通じて今ある人材を着実に育て、早期戦力化と全体の底上げを図る**ことが、企業の成長と安定を築く土台となるのです。

次に、人材育成の担当者も外部の研修会社に研修設計を任せっぱなしにせず、より主体的に研修設計に関わること、そして従来の研修を踏襲するのではなく、目指す成果から逆算し、研修設計やコンテンツ作成まで、戦略的に設計していくことが大切です。

現場のマネージャー層も、目先の成績のみに囚われず、部下の成長につながる学びを推奨する姿勢が求められます。

また、リモートワークが増え、これまでと同じような指導ができないことを踏まえて、ツールの導入や仕組み化を検討することが急務です。さらに、テクノロジーの強みを生かして指導内容をデータとして蓄積し、育成のポイントを言語化しながら共有することも大切です。それによって、再現性のある教育体制がつくられていきます。

――学びを進化させ、変化に適応しながらイノベーションを起こす

私たちが企業理念として掲げているのは、『『テクノロジー』と『学習の科学』で世の中の学びを変え、世界をよりよいものにする」というものです。しかし、学び手の参加意識

2021年度以降の学習戦略

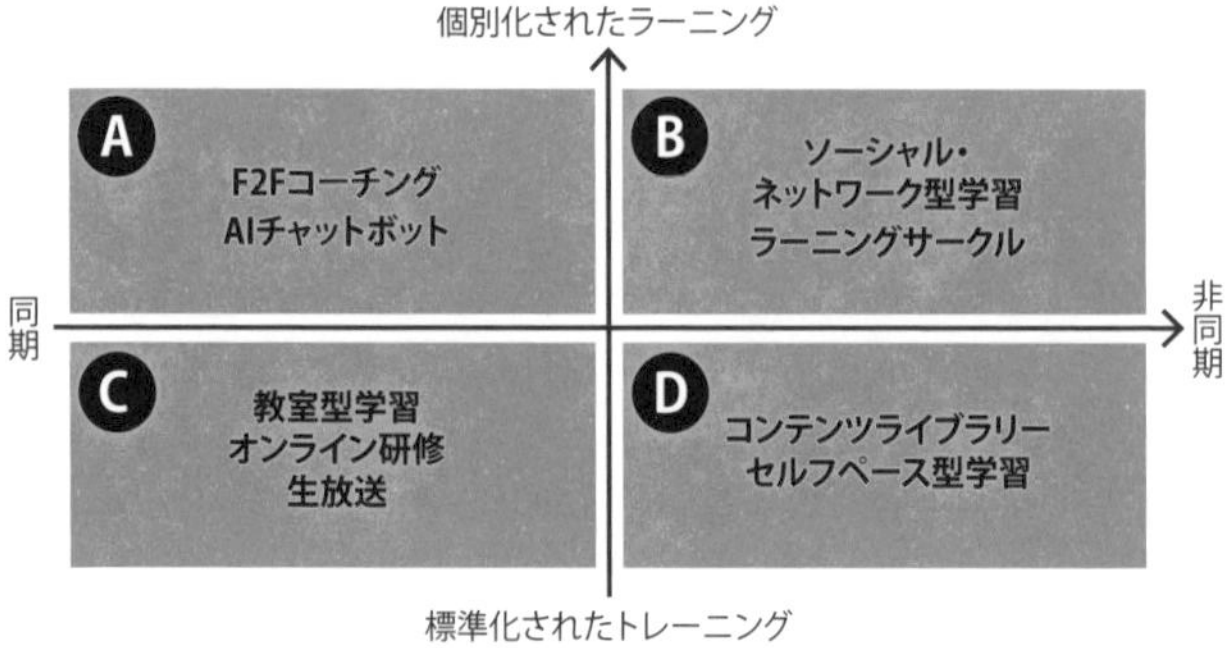

を受動的なものから能動的なものに変え、現場でどのように生かせるかを考えさせることができなければ、優れた学習を提供しても効果は望めません。

ＵＭＵに多種多様な機能が盛り込まれているのは、そのためです。私たちは「学ばなくてはいけない」という外発的動機づけを「学びたい！」という学習者の内発的動機づけへと変える「仕組み」を提供しているのです。

ＵＭＵではｅラーニングをはじめとする標準的・非同期型の「セルフペース型学習」だけでなく、同期型の「ライブストリーミング（生放送）」のほか、ＡＩによる個々の習熟度に応じた即時フィードバックや業務シナリオに基づいた練習を提供しています。また、学び合いを促す「ラーニングサークル」で個人の学びを組織の学びへと発展させていきます。

これらを支援するテクノロジーは、すでに存在するものもありますが、個別に分断されており、パフォーマンスにつながる学びを設計することは困難です。

一方、UMUは、これらの要素を有機的に結びつけ、パフォーマンスにつながる学びのデザインを可能にします。UMUは、今後もさらなる進化を続け、よりパフォーマンスを向上させる学びを提供していきます。

企業経営は「環境適応業」とも言われます。急速に変化する世界に適応できるものだけが生き残り、成長し、さらには変化をもたらすイノベーションを起こせます。

会社を成長させ、世の中を変える学びをともに実践していきましょう。

ユームテクノロジージャパン　ラーニングコンサルタント

片桐康宏

UMUプラットフォームへようこそ！

本書での学びのパフォーマンス向上を促す、UMUプラットフォームの簡単利用ガイドページです。パフォーマンス・ラーニングの理論の理解、効果的な実践方法の参考にお役立てください。

ドングショー・リー Dongshuo Li

UMU(ユーム)創設者、CEO。LGエレクトロニクス、ヒューレット・パッカードを経て、2007〜2014年までGoogle(Asia Pacific)でトレーナーおよびマネージャーとして活躍。Great Manager Award(最高点を取得)、Excellent Staffなど、Googleから多数の表彰を受ける。Google社内の社員教育機関Google University初代教授。2015年、世界の教育における課題を解決すべく、テクノロジーと学習理論で学習の効果と効率を両立させる革新的な学習プラットフォーム「UMU」を立ち上げる。UMUは現在、世界の200以上の国と地域で、100万社以上の企業、および多くの学校現場で導入されている。

片桐康宏 Yasuhiro Katagiri

ユームテクノロジージャパン・ラーニングコンサルタント。日系ERP(基幹系情報システム)ベンダー、ドイツ系大手ERPベンダーにてERP導入支援業務に従事。「企業ならびに日本の発展のためには人材育成の課題を解決すべき」との想いから、アメリカ系タレントマネジメント・ソフトウェアベンダーにて企業内人材育成のためのLMS(学習管理システム)の導入提案と活用支援を行う。その後、学習者の視点に立った実践的なラーニングテクノロジーの必要性を感じ、UMUのコンセプト、テクノロジーに共感して2019年9月にユームテクノロジージャパンに参画。

たった4つのステップで「結果を出す」組織に変わる!

パフォーマンス・ラーニング

2021年9月1日 初版第1刷発行
2023年8月1日 第2刷発行

著 者	ドングショー・リー 片桐康宏
発行人	津嶋 栄
発 行	株式会社フローラル出版 〒163-0649 東京都新宿区西新宿1-25-1 新宿センタービル49F +OURS内 TEL 03-4546-1633(代表) TEL 03-6709-8382(注文窓口) 注文用FAX 03-6709-8873 メールアドレス order@floralpublish.com
出版プロデュース	株式会社日本経営センター
出版マーケティング	株式会社BRC
印刷・製本	株式会社ティーケー出版印刷

ISBN978-4-910017-16-7 C2034